Couvertures supérieure et inférieure manquantes

SOUVENIRS
D'UN PRÉFET DE POLICE

II

SOUVENIRS

D'UN

PRÉFET DE POLICE

PAR

L. ANDRIEUX

TOME DEUXIÈME

PARIS
JULES ROUFF ET Cie, ÉDITEURS
14, CLOITRE SAINT-HONORÉ, 14

1885

SOUVENIRS
d'un
PRÉFET DE POLICE

LVI

Un peu plus de lumière sur les fonds secrets.

Il faut beaucoup d'abnégation et de dévouement à son pays pour consentir à être ministre : tel est du moins le thème que les journaux officieux développent périodiquement.

Le cuisinier Trompette — qui était pour son maître comme un journal officieux — disait : « C'est pour la gloire qu'il tient la place. A moi seul je dépense et au delà les 60,000 francs qu'il reçoit pour son traitement. »

Les journaux officieux — qui sont pour les ministres comme autant de Trompettes — disent de leur côté : « C'est pour la patrie qu'ils gardent leurs portefeuilles : patriotes avant tout, telle est leur devise. Chacun sait bien qu'ils sortiront du ministère plus pauvres qu'ils n'y sont entrés. Il faut être singulièrement économe ; il faut avoir de l'ordre et vérifier de près les comptes du boucher et ceux de la blanchisseuse pour joindre les deux bouts, quand on est obligé de représenter, de recevoir, et qu'on a d'ailleurs pour tout traitement la modeste somme de soixante mille francs.

« Voyez, par exemple, Waldeck-Rousseau : la semaine dernière, il a passé toute une nuit à chercher une erreur de dix centimes qu'il avait constatée le soir en faisant sa caisse.

« Une erreur de dix centimes, pour un homme d'ordre, pour un bon comptable, c'est aussi grave qu'une erreur de cent mille francs. Un bon comptable ne dort pas tant qu'il n'a pas trouvé sa balance.

« Enfin, vers quatre heures du matin, alors que déjà le sommeil alourdissait sa paupière, M. le ministre a trouvé son erreur. Il avait oublié qu'il avait acheté un numéro de la *Ligue* au kiosque situé à l'angle du faubourg Saint-Honoré et de l'avenue Marigny, total : 0 fr. 10 c. Il n'y a pas de quantité négligeable pour un bon comptable. »

Ce que les journaux officieux s'abstiennent de trompetter, c'est que, indépendamment des 60,000 francs qui représentent son traitement, le ministre de l'intérieur reçoit chaque année un supplément de deux millions, sur lesquels il ne lui est fait aucune retenue pour la retraite.

Ces deux millions, il en dispose comme il veut. Il s'en sert indifféremment pour entretenir des agents ou des danseuses, pour acheter des consciences ou du 5 0/0 (4 1/2, depuis la conversion).

Il n'en rend compte qu'à sa conscience. — Et quand il n'a pas de conscience ? — Il n'a pas de comptes à rendre.

Je me trompe : on a compris ce qu'il y a d'exorbitant à mettre 2 millions dans les mains du premier venu que les hasards de la vie parlementaire poussent vers la place Beauvau et à ne pas lui demander la moindre justification ; — en conséquence, on a imaginé pour le public un semblant de contrôle. A la fin de chaque année, le ministre de l'intérieur signe, à l'adresse du président de la République, un papier où il affirme que les deux millions de fonds secrets ont été employés « conformément à leur destination ».

Le papier ne contient pas d'autre explication ;

aucune pièce justificative ne figure à l'appui de la déclaration ministérielle.

Sous le régime précédent, le contrôle du chef de l'État pouvait avoir quelque portée, en admettant que celui-ci jugeât à propos de le rendre efficace.

L'empereur était responsable; il pouvait exiger des explications de la part de ses ministres, qui n'étaient que ses premiers commis.

Mais la Constitution actuelle ne permet au président de la République aucun contrôle sérieux.

Les ministres seuls sont responsables; le président ne règne ni ne gouverne. Constitutionnellement, il est pour la pompe et pour l'ostentation, non pour le contrôle.

En droit, il ne peut contrôler l'emploi des fonds secrets; en fait, il ne contrôle pas et le ministre reçoit son *quitus* sur sa simple déclaration qu'il a employé les deux millions « conformément à leur destination ».

Une remarque à faire, c'est que, tandis que la plupart des crédits dont il faut rendre compte laissent de temps à autre des excédents disponibles qui tombent en annulation et augmentent d'autant les ressources de l'exercice suivant, le crédit des fonds secrets est toujours intégralement dépensé.

Il est vrai qu'en fin d'exercice les employés reçoivent sur ce crédit certaines gratifications ; mais il ne faut pas oublier que le ministre est le premier employé de son ministère.

On me dira que la presse officieuse coûte au ministre les yeux de la tête, comme on peut s'en convaincre avec un peu d'attention.

Je réponds que, pour subventionner la presse, le ministre n'a pas besoin de toucher à ses deux millions. Il a, par lui-même ou par ses collègues, d'autres fonds secrets, qui s'appellent les concessions, les marchés, les entreprises et surtout la Légion d'honneur.

Un banquier veut-il être décoré? Il prend à sa charge le journal du ministre. Pour ne citer qu'un exemple connu, personne n'a oublié le cas de M. Weil-Picard.

M. Weil-Picard était un galant homme, et il n'y avait aucune raison pour ne pas le décorer. Soit. Mais à qui persuadera-t-on que les quelques cent mille francs versés dans la caisse du journal ministériel ont été inutiles à sa nomination?

Que dire de plusieurs autres, dont l'indignité est notoire, et qui ont obtenu le ruban ou même la rosette?

Le ministre de l'intérieur alloue six cent mille francs au préfet de police pour les frais de police politique. Il lui reste à lui-même quatorze cent mille francs, et, dans les années ordinaires, il n'en dépense pas cinq cent mille pour frais conformes à la destination du crédit; il a près d'un million pour ce que nous pourrions appeler son « argent de poche ».

Le ministère de l'intérieur n'est pas le seul qui soit doté de fonds secrets. Chaque département ministériel a d'ailleurs ses profits; mais je n'ai pas entrepris un traité complet de la matière.

D'autres, avant moi, auraient pu, auraient dû peut-être projeter quelques rayons de lumière sur la caisse des fonds secrets.

Les uns sont ministres, d'autres l'ont été, les autres espèrent le devenir : tous ont peur de « gâter le métier ».

— Mais alors, direz-vous, on vole l'argent des contribuables !

— Citoyen, calmez-vous, je n'ai rien dit de semblable : on m'aurait accusé de trahir le secret professionnel. J'évite les expressions grossières et je reconnais que le *libre emploi* des fonds secrets est consacré par l'usage.

Si les intéressés paraissent en user avec moins de réserve que jamais, c'est que nous avons constitué une sorte de société anonyme dont les statuts n'assurent aux administrateurs aucune garantie de stabilité.

Ces sortes d'affaires ne sont jamais administrées comme pourrait l'être l'industrie d'un père de famille.

Tandis qu'ils ont encore la majorité dans l'assemblée des actionnaires, les membres du conseil d'administration se hâtent d'en tirer profit.

LVII

La contagion. — Un préfet qui veut avoir des fonds secrets.

Le sans gêne avec lequel, en haut lieu, on dispose des fonds secrets, est d'un fâcheux exemple pour les divers agents de la hiérarchie administrative; si l'un d'eux ne résiste pas à ce qu'a de séduisant la doctrine ou la tradition du *libre emploi* de certains fonds, le ministre se montre indulgent et semble s'écrier :

— *Homo sum, et nihil humani a me alienum puto!*

Pour ne prendre qu'un exemple parmi les plus récents, je me bornerai à rappeler celui de M. André de Trémontels.

— Halte là ! vont me crier encore les officieux. Ce sujet ne fait pas partie de vos *Souvenirs*. Vous nous avez déjà raconté ceux de M. Léon Renault, ceux de M. Albert Gigot. Est-ce que vous allez encore révéler les secrets de tous les préfets qui ont administré nos divers départements ?

— Messieurs les officieux, j'ai le regret de ne pas écrire pour vous. La question de savoir si je suis dans mon sujet est affaire entre mes lecteurs et moi. Tant qu'ils me prêteront leur attention et qu'ils paraîtront m'écouter avec quelque intérêt, je persisterai à croire que je ne mérite pas d'être rappelé à la question.

Je sais bien que mes *Souvenirs* sont « incohérents » ; mais l'esprit public est à l'incohérence. Nous avons eu l'exposition des « Arts incohérents », le bal des « Incohérents » : je sacrifie au mauvais goût de mon temps.

D'ailleurs, tous mes souvenirs ne sont-ils pas les souvenirs d'un ancien préfet de police ?

Deux fois déjà j'ai porté à la tribune cette question des libertés prises par M. André de Trémontels, ancien préfet de l'Aveyron, avec les deniers de l'État, et je ne renonce pas à l'y porter une troisième.

On se rappelle que ce préfet fut dénoncé au

ministre comme concussionnaire par son successeur, M. Demangeat.

L'affaire traîna en longueur : entre temps, M. André de Trémontels, devenu préfet de la Corse, y fut promu à la classe supérieure de son grade, et M. Demangeat... fut révoqué.

L'accusation de concussion était devenue publique ; M. Waldeck-Rousseau, ayant compris que son préfet n'était plus possible à la tête d'un département, l'avait rappelé à Paris avec un traitement de disponibilité.

Si M. André de Trémontels était innocent, la mise en disponibilité était une disgrâce imméritée ; s'il était coupable, maintenir à un concussionnaire le titre de préfet et lui servir un traitement de 6,000 francs[1], c'était faire preuve d'une tolérance voisine de la complicité.

Je priai M. Waldeck-Rousseau de vouloir bien s'en expliquer à la tribune.

— La justice est saisie, répondit M. Waldeck-Rousseau. A l'heure où je parle, M. Demangeat, sur mon invitation, est mis en demeure de faire devant les tribunaux la preuve de ses imputations diffamatoires.

Je m'inclinai devant la justice ; j'attendis la dé-

---

1. Le traitement de disponibilité est de 6,000 francs.

cision des magistrats et j'ajournai ma question.

Or, il se trouva que le ministre de l'intérieur n'avait échappé au débat devant la Chambre qu'en donnant aux représentants du pays les renseignements les moins exacts.

La justice n'était pas saisie ; les jours s'écoulèrent sans que M. Demangeat reçût, sous aucune forme, aucune nouvelle de M. André de Trémontels.

Il y avait un concussionnaire ou un calomniateur. Le silence du préfet disponible ne permettait plus d'hésiter sur la solution du dilemme.

Je revins à la tribune. Le ministre avoua que la justice n'était pas encore saisie ; mais il affirma qu'elle le serait bientôt.

Le passé, avec le temps, était devenu le futur.

Ma curiosité était patiente ; j'attendis encore.

Aujourd'hui, M. André de Trémontels a laissé s'écouler les délais de la prescription. Il a pris conseil des hommes les plus éclairés ; tous lui ont dit que dans le doute le sage doit s'abstenir, et le préfet disponible a voulu être sage.

Comment M. Waldeck-Rousseau a-t-il pris cet acte de désobéissance à son autorité ? On a dit que M. André de Trémontels, depuis l'expiration des délais de prescription, ne reçoit plus son traitement.

Je ne suis pas éloigné de croire qu'en effet M. le ministre de l'intérieur, par un acte de tardive répression, a voulu se soustraire aux conséquences d'une trop longue faiblesse.

La Chambre pensera-t-elle que l'incident est clos? L'occasion se présentera sans doute de le lui demander et de provoquer enfin sur les graves accusations de M. Demangeat ces explications nécessaires auxquelles le ministre et son protégé ont pu se soustraire jusqu'à ce jour.

En attendant, ne quittons pas M. André de Trémontels sans emprunter à *ses souvenirs* une anecdote qui peint l'homme et le fonctionnaire.

M. André de Trémontels possédait un vieux buste de la République, type officiel avec l'étoile et les épis.

Ce buste l'avait suivi de sous-préfectures en préfectures depuis le commencement de sa carrière administrative, et faisait encore l'ornement de son cabinet à l'hôtel préfectoral de Rodez.

Quand l'usure du temps et la fumée des becs de gaz l'eurent suffisamment déprécié, le préfet de l'Aveyron eut l'ingénieuse idée de se défaire de ce rossignol symbolique au préjudice de l'État.

A cet effet, il passa un contrat avec lui-même. Il fut à la fois vendeur et acheteur.

A en juger par les apparences, ce fut en la

première qualité qu'il fit un marché avantageux.

En effet M. André de Trémontels, simple particulier, vendit à M. André de Trémontels, préfet de l'Aveyron, au prix de 126 francs, pour le mobilier de la préfecture, le buste ci-dessus décrit.

Mais le crédit pour le mobilier était épuisé. Cette vulgaire considération n'arrêta pas l'ingénieux préfet.

Il fit faire un mandat de 126 francs au nom du tapissier de la préfecture sur le crédit accordé pour les illuminations du 14 Juillet ; et ce fournisseur, qui était dans la confidence, rapporta fidèlement au préfet le montant de son mandat.

Si nous demandions à M. Waldeck-Rousseau quelle est la morale de ce récit, il nous répondrait sans doute qu'il faut augmenter les fonds secrets.

LVIII

Suppression de la police des mœurs. — Fausse sortie. — Les filles inscrites. — Les « maisons de rendez-vous ».

Le service des mœurs avait été, depuis quelques années, l'occasion des attaques les plus fréquentes et les plus violentes contre la préfecture de police.

Le mouvement d'opinion, dont nous devions ressentir bientôt le choc à Paris, s'était manifesté d'abord en Angleterre, et c'étaient d'honnêtes dames qui en avaient pris l'initiative en 1870.

Leur respectable association publiait un journal hebdomadaire réclamant l'abrogation des lois spéciales.

Leur zèle ne tarda pas à tourner au fanatisme, et le dénigrement de parti pris fit accueillir et propager les récits les plus erronés et les plus grossièrement invraisemblables.

L'association des dames anglaises fonda une ligue internationale pour l'abrogation des lois relatives à la prostitution.

Elle eut des missionnaires qui parcoururent l'Europe et s'arrêtèrent à Paris pour associer leurs efforts à ceux de M. Yves Guyot et de ses amis.

Mais, tandis qu'en Angleterre les sentiments les plus respectables d'humanité, de liberté, de respect de la femme inspiraient jusque dans leurs erreurs les honorables membres de la fédération, il n'en était pas de même à Paris, où les associés français poursuivaient avant tout une œuvre politique, sans préoccupation du bien public et avec un parfait dédain de toute bonne foi.

Dès 1878, les récits fantaisistes de certains journaux avaient excité à un degré extraordinaire l'opinion publique contre le service des mœurs.

Il faut reconnaître que plusieurs erreurs commises par les agents avaient été une cause de scandale et paraissaient avoir donné raison à la presse contre la préfecture de police.

Si déplorables qu'aient été les méprises signalées par les journaux, il serait injuste d'en exagérer le nombre.

La police des mœurs était étrangère à quelques-uns des faits les plus connus et les plus souvent cités à sa charge.

On sait que l'auteur de l'inqualifiable agression dont Mlle Rousseil fut l'objet n'appartenait à aucun des services de la préfecture, qu'il fut poursuivi et condamné par le tribunal correctionnel pour avoir usurpé des attributions qui ne lui appartenaient pas.

Cette condamnation n'a pas empêché que le cas de Mlle Rousseil ne fût toujours cité en tête des erreurs ou des abus commis par la police des mœurs.

J'ai précédemment démontré que Mlle Lucie Bernage n'a jamais été arrêtée, ni par un agent, ni par qui que ce fût : néanmoins, chaque fois qu'un Plutarque de la presse écrit l'histoire des femmes illustres victimes des agents des mœurs, M^llo Lucie Bernage arrive seconde au poteau, à peine distancée par M^llo Rousseil.

Si les agents des mœurs ont commis des erreurs, heureusement très rares, ils ont cela de commun, je ne dirai pas avec les journalistes, — dans la confrérie c'est comme au Vatican : nous sommes infaillibles, — mais avec les agents des autres services, voire même avec les magistrats.

Quand la police recherche un voleur, un assassin, il lui arrive, trompée par des témoignages, par des apparences, d'arrêter un honnête homme ; on n'en a pas encore conclu qu'il faille supprimer le service de la sûreté.

Mais les erreurs des magistrats sont autrement graves que celles de la police.

Les agents sont responsables de leurs actes, on ne leur pardonne pas une erreur : quand ils se trompent, ils sont révoqués.

Les magistrats sont irresponsables et inamovibles ; leurs erreurs même passent pour la vérité : *Res judicata pro veritate habetur*.

L'erreur d'un agent n'engendre qu'un mal temporaire ; l'erreur d'un magistrat est irréparable, et l'autorité de la chose jugée ferme la bouche à toute réclamation.

Et pourtant on n'en a pas encore conclu qu'il faille supprimer les tribunaux.

Les agents des mœurs seuls, ces pauvres employés à 1,400 francs par an, n'ont pas le droit de se tromper. On ne tient aucun compte des services qu'ils rendent à la santé publique, à la décence des rues, pas plus qu'on ne tient compte des apparences qui, le plus souvent, expliquent et excusent leur erreur.

Dans la séance du mardi 28 décembre 1880 le conseil municipal de Paris adopta une proposition ainsi rédigée :

« La brigade des mœurs sera supprimée à partir du 1er janvier 1882 ; M. le préfet est invité à étudier et à proposer d'ici à cette époque une organisation conforme aux indications contenues dans le rapport de la commission du budget. »

J'avais combattu cette proposition pour l'honneur des principes, car, au point où j'en étais, je ne me faisais plus l'illusion de croire que l'échéance du 1er janvier me trouverait encore sur la brèche.

J'eus cependant bientôt l'occasion de donner au conseil municipal une apparente satisfaction.

M. Macé avait une tendance à réclamer pour le service de la sûreté tous les agents et toutes les attributions de la police municipale ; il donnait d'ailleurs, pour justifier sa prétention, d'excellentes raisons, dont je savais apprécier la valeur.

Pour la police des mœurs, notamment, il faisait justement remarquer que les auteurs des vols en dissipent le plus souvent le produit dans les maisons de tolérance, et que la surveillance de ces maisons, confiée au chef de la sûreté, faciliterait ses recherches en matière criminelle.

J'hésitais néanmoins à donner à M. Macé la satisfaction qu'il paraissait désirer, lorsque l'enquête que je poursuivais depuis quelque temps me démontra la nécessité de briser les anciens cadres de la police des mœurs.

M. Lerouge, officier de paix, et M. Remise, son inspecteur principal, avaient laissé s'introduire de graves abus dans le service.

J'en saisis la preuve, et je pris en conséquence l'arrêté suivant, à la date du 9 mars 1881 :

Considérant que la fusion du service des mœurs avec celui de la sûreté, dont il fait naturellement partie, aura pour effet de faciliter les recherches des crimes et des délits en même temps que celles des infractions aux règlements sur la prostitution ;

Considérant que cette mesure, en ne laissant plus à des agents spéciaux la surveillance des mœurs, répondra autant qu'il est possible aux vœux émis par le conseil municipal de la ville de Paris ;

Vu l'arrêté du 12 messidor an VIII ;

Vu la délibération du conseil municipal de la ville de Paris, en date du 28 décembre 1880 ;

A décidé :

Article 1⁰ʳ. — La brigade des mœurs est supprimée.

Art. 2. — Les brigadiers, sous-brigadiers et inspecteurs de ladite brigade sont versés dans la brigade de sûreté.

Art. 3. — M. Lerouge (Auguste-François-Hyacinthe), officier de paix, chargé du service des mœurs, est admis à faire valoir ses droits à la retraite, pour cause de suppression d'emploi.

Art. 4. — M. Remise (Durand), inspecteur principal, est admis à faire valoir ses droits à la retraite.

Art. 5. — Les attributions du service des mœurs sont confiées aux chefs, inspecteurs principaux, brigadiers, sous-brigadiers et inspecteurs du service de la sûreté.

Le député, préfet de police

Andrieux.

Quelques journaux se laissèrent prendre au texte de mon arrêté, et le *Clairon* me consacra un article intitulé « Le trottoir libre dans l'État libre. »

La vérité, c'est que, tout en supprimant la dénomination impopulaire de la brigade des mœurs, j'espérais renforcer à la fois les deux services, désormais réunis et disposant d'un personnel de 320 hommes, sous la direction d'un chef intelligent autant qu'expérimenté. Les agents des mœurs n'allaient faire qu'une fausse sortie.

En prenant possession de son nouveau service M. Macé trouva dans les bureaux de M. Lerouge une œuvre d'art digne d'être citée : c'était un tableau du personnel, où de petits amours joufflus jouant avec des roses enguirlandaient les noms des agents des mœurs.

La réforme n'atteignait que le service extérieur.

Les règlements n'étaient pas changés. L'inscription des filles publiques était maintenue. Comme par le passé, les prostituées étaient astreintes à la visite, avec l'obligation de la faire constater sur la carte qu'on leur délivre, et la préfecture de police gardait sur elles un pouvoir discrétionnaire, s'exerçant notamment par des condamnations administratives à un séjour plus ou moins prolongé dans la prison Saint-Lazare.

Ce pouvoir redoutable avait été beaucoup discuté. M. Ranc, avant d'être ministériel, en avait contesté la légalité, en 1872, au conseil municipal.

Puisant sa force dans une ordonnance de 1684, il faut reconnaître qu'à remonter si haut le droit du préfet de police perdait une partie de son autorité.

Je m'étais proposé de demander à la prochaine Chambre une législation plus jeune et plus efficace, qui aurait consacré les pouvoirs discrétionnaires de la préfecture de police, en les entourant des garanties nécessaires contre les abus et en les fortifiant par l'adjonction de la répression judiciaire.

Il est urgent qu'une législation nouvelle donne à la préfecture de police des attributions désormais incontestables ; il faut définir avec précision les infractions qu'il importe d'atteindre, attribuer le jugement des unes au tribunal de police correctionnelle, réserver les autres, moins graves, à la répression administrative.

La sécurité, autant que la moralité publique, exige que les malfaiteurs vivant de la prostitution des filles puissent être livrés aux tribunaux.

Il importe que l'administration soit armée contre la prostitution clandestine, qu'elle puisse ordonner la fermeture des lieux de débauche lorsqu'elle ne croit pas devoir leur accorder la tolérance.

Aujourd'hui, la préfecture de police a perdu presque toute autorité pour la surveillance des mœurs. Elle continue à distribuer aux filles publiques, lors de leur inscription, une sorte de circulaire ainsi conçue :

PRÉFECTURE DE POLICE

1re DIVISION — 2e BUREAU — 3e SECTION

Obligations et défenses imposées aux femmes publiques.

Les filles publiques en carte sont tenues de se présenter, au moins une fois tous les quinze jours, au dispensaire de salubrité, pour être visitées.

Il leur est enjoint d'exhiber leur carte à toute réquisition des officiers et agents de police.

Il leur est défendu de provoquer à la débauche pendant le jour; elles ne pourront entrer en circulation sur la voie publique qu'une demi-heure après l'heure fixée pour le commencement de l'allumage des réverbères, et, en aucune saison, avant sept heures du soir, et y rester après onze heures.

Elles doivent avoir une mise simple et décente qui ne puisse attirer les regards, soit par la richesse ou les couleurs éclatantes des étoffes, soit par les modes exagérées.

La coiffure en cheveux leur est interdite.

Défense expresse leur est faite de parler à des hommes accompagnés de femmes ou d'enfants, et d'adresser à qui que ce soit des provocations à haute voix ou avec insistance.

Elles ne peuvent, à quelque heure et sous quelque

prétexte que ce soit, se montrer à leurs fenêtres, qui doivent être constamment tenues fermées et garnies de rideaux.

Il leur est défendu de stationner sur la voie publique, d'y former des groupes, d'y circuler en réunion, d'aller et venir dans un espace trop resserré, et de se faire suivre ou accompagner par des hommes.

Les pourtours et abords des églises et temples, à distance de vingt mètres au moins, les passages couverts, les boulevards de la rue Montmartre à la Madeleine, les Champs-Élysées, les jardins et abords du Palais-Royal, des Tuileries, du Luxembourg, et le Jardin des Plantes leur sont interdits. L'esplanade des Invalides, les quais, les ponts, et généralement les rues et lieux déserts et obscurs leur sont également interdits.

Il leur est expressément défendu de fréquenter les établissements publics ou maisons particulières où l'on favoriserait clandestinement la prostitution, et les tables d'hôte, de prendre domicile dans les maisons où existent des pensionnats ou externats, et d'exercer en dehors des quartiers qu'elles habitent.

Il leur est également défendu de partager leur logement avec un concubinaire ou avec une autre fille, ou de loger en garni sans autorisation. Dans le cas où elles obtiendraient cette autorisation, il leur est expressément interdit de se prostituer dans le garni.

Les filles publiques s'abstiendront, lorsqu'elles seront dans leur domicile, de tout ce qui pourrait donner lieu à des plaintes des voisins ou des passants.

Celles qui contreviendront aux dispositions qui précèdent, celles qui résisteront aux agents de l'autorité, celles qui donneront de fausses indications de demeure ou de noms, encourront des peines proportionnées à la gravité des cas.

Avis important. — Les filles inscrites peuvent obtenir d'être rayées des contrôles de la prostitution, sur leur demande, et s'il est établi par une vérification, faite d'ailleurs avec discrétion et réserve, qu'elles ont cessé de se livrer à la débauche.

Mais chacun, en se promenant à toute heure dans les rues de Paris, peut se convaincre que la plupart de ces prescriptions ne sont pas respectées.

Le nombre des insoumises s'est accru dans des proportions telles que les mesures prises contre les filles « en carte » n'ont plus qu'une apparence choquante de vexation et d'inégalité.

De même on se demande comment il se fait qu'il y ait encore des maisons de tolérance existant en vertu d'une permission administrative alors que cette permission, loin de leur attribuer comme autrefois une sorte de privilège, n'a pour effet que de les soumettre à la surveillance plus étroite de la police, à l'application des règlements et aux visites sanitaires.

Dans tous les quartiers de Paris de véritables maisons publiques se sont ouvertes qui semblent jeter un défi à la police.

Vers les derniers jours de mon administration, j'ai le souvenir d'avoir refusé la tolérance à un établissement projeté dans un quartier voisin des Champs-Élysées.

Quelques mois plus tard, cette maison, qui s'était annexé une brasserie servie par des filles, ouvrait audacieusement ses portes, en dépit des défenses administratives : comme un simple marchand de biberons Robert, elle promenait dans Paris son enseigne accrochée à une voiture-réclame, et, après plusieurs années, malgré les « descentes de police » réitérées, elle continue à narguer les arrêtés préfectoraux.

Le nombre des maisons de rendez-vous s'accroît tous les jours.

A la différence des maisons de tolérance, elles n'ont généralement pas de pensionnaires et elles ne sont pas soumises aux règlements administratifs.

Autrefois, pour n'être pas régulièrement autorisées, elles n'en étaient pas moins l'objet d'une surveillance active, et quand la fermeture n'en était pas ordonnée, c'est que, d'une part, la police avait reconnu qu'elles pouvaient être tolérées, et que, d'autre part, l'administration y trouvait une source parfois utile d'informations délicates et discrètes.

A côté des maisons de rendez-vous, il faut signaler les innombrables magasins qui, sous prétexte de vendre de la parfumerie, des livres, des tableaux, des objets de curiosité, de la lingerie ou des chapeaux, ont mis un peu partout la débauche à la portée du passant.

Trompées par l'enseigne et par les vitrines, d'honnêtes femmes peuvent entrer dans ces boutiques et y être exposées aux plus fâcheuses méprises, surtout depuis que les figurantes qui siègent au comptoir ne s'adressent plus exclusivement à la clientèle masculine.

La prostitution, s'abritant ainsi derrière les patentes les plus variées, est devenue une sorte de Protée qui échappe à la vigilance de la police.

Mon honorable successeur, M. Camescasse, a fait les plus louables efforts pour mettre un frein à la fureur de ces flots de débauche; mais il n'a pas su arrêter les complots des parfumeuses et des gantières.

Les habiletés mêmes auxquelles a dû recourir le préfet de police ont montré à quel point la loi le laisse désarmé.

Cherchant en vain, dans l'arsenal législatif, des armes contre la ganterie érotique, c'est aux propriétaires que se sont adressées ses remontrances comminatoires.

Lorsqu'ils se virent exposés à des poursuites, en vertu de quelque ordonnance préhistorique, pour délit de location à des personnes qui ne rendent pas la monnaie, les propriétaires de la Chaussée-d'Antin et de quelques rues avoisinantes renoncèrent à faire concurrence à d'autres immeubles plus connus.

Le résultat le plus certain qu'ait obtenu M. Camescasse, c'est d'avoir déplacé les institutions, sans, toutefois, en avoir ébranlé la base.

Sur quelques points même, on s'est borné à pratiquer ce que les comités électoraux appellent « la politique du piétinement sur place », et tout le progrès a consisté à changer les produits exposés dans les vitrines.

Cependant, grâce aux dispositions conciliantes d'un propriétaire, la préfecture a remporté une victoire notable sur le « cynisme des Aspasies » en faisant disparaître d'un élégant magasin de parfumerie ce mot à double entente : « Laboratoire », qui portait ombrage aux chimistes du quartier.

Durant mon voyage en Belgique, et lorsque l'obligation de surveiller Hattat et Cernesson me laissait quelques loisirs, j'avais étudié le fonctionnement de la police des mœurs chez nos voisins.

M. Lenaers, commissaire en chef de police à

Bruxelles, m'avait **donné** des renseignements fort intéressants.

Il se plaignait de l'envahissement de Bruxelles par la prostitution :

« Le goût des plaisirs frivoles, disait l'honorable commissaire en chef, a pris de grandes proportions dans la capitale, surtout depuis la guerre franco-allemande, qui a fait affluer vers Bruxelles un grand nombre de femmes galantes dont Paris se débarrassa, comme de *bouches inutiles*, pendant le siège.

Il existait de temps immémorial à Bruxelles une rue entière, la rue des Cailles, affectée aux maisons de débauche. Ces maisons ont été supprimées il y a quelques années et depuis lors on a vu surgir et se multiplier avec une prodigieuse rapidité les maisons de prostitution clandestines, véritables foyers d'infection et de dévergondage.

« Je constate chaque jour que la suppression du quartier affecté aux maisons de débauche ne répondait pas aux nécessités d'une bonne police.

« En supprimant le quartier où elle s'était réfugiée, on n'a pas supprimé la prostitution. Comme le dit Parent-Duchatelet : « Les pros-
« tituées sont aussi inévitables dans une agglo-
« mération d'hommes, que les égouts, les voiries

« et les dépôts d'immondices. Lorsque la prosti-
« tution ne peut avoir ses lieux désignés, avoués,
« connus, elle se réfugie dans les cafés, les
« cabarets, les garnis, prend toutes les formes,
« tous les travestissements, s'infiltre partout et
« devient insaisissable ; c'est alors la débauche
« clandestine, qui se cache, se dérobe, n'en est
« que plus terrible et n'en fait que plus de
« ravages. »

M. Lenaers ajoutait que la prostitution, chassée de son quartier spécial, s'était établie dans les boutiques et notamment dans celles destinées à la vente du tabac.

Mais la législation belge avait donné une grande latitude aux autorités municipales pour prendre toutes les mesures nécessaires à la moralité et à la sûreté publiques.

En conséquence, un règlement fort sage avait été voté par le conseil communal le 13 août 1877.

Ce règlement contenait des dispositions efficaces contre les maisons de débauche clandestines, et le législateur français le lira avec profit quand il aura compris la nécessité de venir en aide à la police des mœurs.

En attendant, l'étranger, qui, en 1885, parcourt les rues de Paris, peut croire que l'état social entrevu par le *Clairon* et rêvé par M. Yves

Guyot s'est réalisé parmi nous : le trottoir libre dans l'État libre.

Quelque répugnance que doive inspirer au lecteur l'examen de ces questions spéciales, il était impossible de les passer sous silence dans un ouvrage qui s'efforce de refléter les divers côtés de la police parisienne.

Et puisque le sujet nous a amené à parler des maisons de rendez-vous, le lecteur, sans doute, voudra savoir ce qu'a été l'affaire dite de la rue Duphot, à l'occasion de laquelle s'est formée une légende longtemps encouragée par le dédain du préfet de police.

Je m'en suis déjà expliqué, il y a près de quatre ans, devant mes électeurs; car les électeurs veulent tout savoir et ne donnent leur confiance qu'à bon escient.

Je vais refaire, d'une manière plus complète, et avec pièces à l'appui, pour les lecteurs de la *Ligue*, le récit qui parut alors intéresser mes auditeurs de la Demi-Lune.

LIX

L'affaire de la rue Duphot.

La maison de la rue Duphot était une maison de rendez-vous semblable à beaucoup d'autres qui existaient déjà ou ont été créées depuis.

Si elle s'en distinguait, c'était par sa clientèle plus aristocratique et par l'élévation de ses tarifs.

A la tête de cet établissement de pornographie appliquée se trouvait alors une femme Eppinger, qui exerçait la profession d'entremetteuse sous le pseudonyme plus euphonique de Leroy.

La maison a, depuis lors, changé de titulaire : sans être devenue une maison de tolérance, dans le sens technique de ce mot, elle est aujourd'hui, comme elle l'était déjà, tolérée par la police.

Les femmes qui fréquentaient cet établissement étaient pour la plupart des filles entretenues, cherchant à occuper lucrativement les loisirs que leur laissaient des protecteurs aveugles ou complaisants. Avec elles se rencontraient quelques étoiles de diverses grandeurs voulant briller ailleurs qu'à la scène, et enfin, il faut bien le dire, quelques personnes qu'on ne pourrait appeler *déclassées* sans leur faire offense, et devant lesquelles s'ouvrent encore les salons du monde. Les unes venaient pour répondre à des rendez-vous galants ménagés par la femme Leroy ; les autres attendaient l'hôte inconnu que pouvaient amener à toute heure les défaillances de la chair qui est faible ou les fantaisies de l'esprit qui est prompt.

Cette maison était, pour la police des mœurs, comme la maison de verre. Les archives lui empruntaient des renseignements nombreux et parfois utiles.

C'est un curieux et fréquent phénomène que le besoin qu'ont certains hommes de traiter en amies les procureuses, de leur livrer non seulement le secret peu intéressant de leurs dévergondages, mais encore la confidence de leurs affaires privées et même de leurs desseins politiques.

Je ne puis dissimuler que l'administration a coutume d'encourager les procureuses à violer le secret professionnel. On n'a pas encore songé à leur appliquer pour cette cause les dispositions du Code pénal.

Dans les derniers jours de l'année 1880 un garçon de café, nommé Petit, amena à la femme Leroy une fille mineure.

Celle-ci expliqua qu'elle appartenait à une famille honorable de Bruxelles ; elle avait été livrée par une femme de chambre de sa mère à un homme riche, avec lequel elle continua de se rencontrer dans un restaurant connu.

Des poursuites scandaleuses avaient eu lieu devant les tribunaux belges, à la suite desquelles la jeune fille avait été placée dans un pensionnat pour y continuer une éducation assez mal commencée.

Mais les grilles s'étaient ouvertes ; l'oiseau s'était envolé de sa cage, et depuis plusieurs mois vivait, on devine comment, dans ce grand Paris où l'avaient conduit ses précoces instincts.

Ce récit exigeant quelques développements, il serait difficile de continuer indéfiniment la métaphore et de donner jusqu'au bout le nom d'oiseau à la triste héroïne de cette aventure.

Mais, quoique la publicité des débats, à Paris comme à Bruxelles, ait déjà livré son nom à tous les échos de la presse, nous ne la désignerons que par l'initiale de son prénom.

Le garçon de café était le dernier protecteur qui eût offert à Mlle E... un abri passager ; il prétendait même avoir partagé avec elle son modeste pécule, et il venait offrir sa jeune compagne à la femme Leroy, avec l'espoir de rentrer dans ses déboursés par l'effet d'un honnête courtage.

La femme Leroy refusa de recevoir Mlle E..., qui prit son vol vers le quartier Latin.

Plusieurs mois s'étaient écoulés, lorsque la mère de la jeune E... se présenta rue Duphot.

Elle avait retrouvé sa fille au domicile d'un étudiant, et — chose assez invraisemblable, mais qui résulte du témoignage de cette bonne dame — elle venait remercier la femme Leroy « des bons conseils » que cette dernière avait donnés à Mlle E...

Cette mère étrange prit l'entremetteuse pour confidente de ses désirs de vengeance contre le sieur Petit; c'est ainsi, on se le rappelle, que se nommait le garçon de café.

La femme Leroy comprit qu'elle avait manqué à son devoir professionnel vis-à-vis de la préfecture en ne signalant pas, dès qu'il s'était produit, le fait d'excitation d'une mineure à la débauche, et elle chercha à réparer sa faute en adressant au service des mœurs une dénonciation contre le sieur Petit.

Je portai ces faits à la connaissance du parquet, et M. le juge d'instruction *** en fut saisi par le réquisitoire du procureur de la République.

J'ai le regret de ne pouvoir me dispenser de

faire connaître le conflit qui s'éleva entre l'honorable juge d'instruction et le préfet de police, à l'occasion de cette procédure.

Le récit des diverses circonstances qui amenèrent un fâcheux dissentiment entre le juge et le préfet est indispensable pour expliquer à quels mobiles ce dernier a obéi et pour répondre ainsi aux outrageantes imputations dont il fut l'objet.

Mais je dois dire tout d'abord que si j'ai dû blâmer les procédés d'instruction de l'honorable M. *** et refuser de le suivre dans la voie où il me paraissait s'être imprudemment engagé, la divergence de vues qui nous a momentanément séparés ne saurait m'empêcher de rendre hommage aux qualités éminentes du magistrat, qui est justement réputé l'un des juges d'instruction les plus éclairés et les plus clairvoyants du tribunal de la Seine.

M. *** arriva un matin rue Duphot, sans son greffier, s'étant fait seulement assister par le commissaire de police du quartier.

Il fit connaître à la femme Eppinger, dite Leroy, qu'il venait procéder chez elle à une perquisition et à une saisie pour rechercher, à l'occasion de l'affaire Petit, si elle ne s'était point elle-même rendue coupable de pareils délits. Il se fit livrer les clefs des divers meubles ; il mit en tas tous les papiers, livres, correspondances qu'il put trouver, et, sans dresser procès-verbal de cette opération sommaire, il emporta le butin de son expédition dans les serviettes empruntées à la proxénète.

L'honorable M. ***, un peu confus de se trouver en pareil lieu, se hâta d'en sortir, et, dans sa précipitation, quelques papiers, dit-on, échappèrent à la saisie en s'échappant de la serviette.

Rentré dans son cabinet d'instruction, l'honorable magistrat procéda à l'examen de ces dépouilles opimes. Il s'arrêta d'abord aux livres de la femme Leroy.

Les noms et adresses des femmes qui prêtaient leur concours à la prospérité de la maison y figuraient sans aucun déguisement.

Quant aux hommes, ceux-là seuls étaient enregistrés qui étaient débiteurs de l'établissement.

J'ai connu, dans une ville de province, un magistrat de mœurs irréprochables, qui se chargeait volontiers d'instruire les affaires d'attentat à la pudeur, de viol, de détournement de mineures.

Il faisait ainsi des études qui ne coûtaient rien à sa vertu, et tandis que d'autres n'ont acquis qu'aux dépens de leur dignité la science du bien et du mal, ce juge d'instruction possédait une expérience dont il n'avait point à rougir.

Il en tirait même vanité quand il était avec les femmes, aimant à conter, à mi-voix, à ses voisines de table, des histoires décolletées, et recueillant, dans les salons, des succès de bon aloi par un heureux mélange d'austérité et de grivoiserie.

Ce qui manquait à son expérience, c'était d'avoir instruit une de ces affaires scandaleuses comme on en a dans les grandes villes, qui permettent de pénétrer dans les mystères du vice le plus aristocratique. Ah! s'il eût été juge d'instruction à Paris! Il eût été curieux de voir de près des femmes du monde qui se fussent prostituées dans ces maisons dont on a entendu parler en province.

Je n'ai pas besoin de dire que de telles naïvetés et de telles faiblesses ne furent pour rien dans la détermination que prit l'honorable M. *** d'étendre le domaine de son instruction et de commencer une enquête à domicile, interrogeant, toujours en l'absence de son greffier, les mères sur la moralité de leurs filles et les filles sur les écarts de leurs mères.

M. *** avait été chargé d'instruire une affaire déterminée, celle d'un sieur Petit, inculpé d'excitation d'une mineure à la débauche, délit prévu et puni par l'article 334 du Code pénal.

Mais tout est dans tout. Apprenant par le réquisitoire du procureur de la République qu'il y avait à Paris des maisons dites de passe ou de rendez-vous, il avait de lui-même étendu son mandat, et paraissait vouloir résoudre judiciairement les questions les plus délicates de tolérance administrative.

La police des mœurs m'appartenait, et j'entendais faire respecter mes attributions.

J'appris que le juge d'instruction, sans m'en donner avis, venait de prendre des mesures arbitraires de nature à troubler la sécurité des personnes et la paix des familles.

Il avait imaginé de requérir les inspecteurs de la police municipale et d'établir une *souricière* dans la maison de la rue Duphot, à l'effet de retenir à sa disposition tous ceux, hommes ou femmes, qui se présenteraient dans cette maison de quatre heures du soir à neuf heures du matin.

A vrai dire, plus indulgent pour les hommes, il permettait de rendre la liberté à ceux qui justifieraient d'un domicile. C'était mettre de braves gens, des pères ou des fils de famille, des députés, des magistrats — oserai-je dire des sénateurs? — dans la cruelle alternative de ne pas rentrer chez eux, de laisser leurs familles en proie à toutes les tortures des plus terribles suppositions, ou de donner leur nom, leur adresse, aux agents, peut-être bientôt aux journalistes, avec la perspective de déposer comme témoins et de compromettre dans un scandaleux débat soit leur mandat de représentant du peuple, soit le caractère de cette magistrature que l'Europe nous envie.

Quant aux femmes — que l'étoile du ballet ou celle de l'opérette eussent été sifflées par défaut, le mal eût été réparable ; — mais, je le dis bien bas, d'honnêtes dames étaient exposées à rester dans la souricière, pauvres souris blanches qui n'auraient jamais osé revoir la lumière du jour.

Veuillez remarquer qu'il ne s'agissait pas d'arrêter les auteurs ou complices du délit commis par le garçon de café Petit, ni les auteurs ou complices de tout autre délit. C'étaient des témoins qu'il s'agissait de mettre en état d'arrestation et de retenir en un lieu de débauche, transformé en poste de police, jusqu'à ce que le juge, après son déjeuner du matin, fût venu les interroger.

Il ne faut pas qu'on m'accuse d'exagérer ou de travestir les faits. Voici les instructions de l'honorable M. ***, telles que le texte m'en fut remis par le commissaire de police du quartier de la place Vendôme, qui ne crut pas pouvoir, sans m'en référer, obéir à de telles injonctions :

1° Un inspecteur, disait M. ***, prendra une voiture et m'amènera, à quatre heures du soir, la femme Leroy, son mari, la femme L... et E...

2° A partir de leur départ, jusqu'au lendemain, à neuf heures du matin, une surveillance sera établie dans la maison ; on laissera entrer tout le monde, mais personne ne sortira, sauf les hommes justifiant d'un domicile.

Les noms et adresses des hommes, pris sur une feuille à part, ne figureront pas dans le procès-verbal.

Sous aucun prétexte les femmes et les gens de la maison ne pourront communiquer avec le dehors.

M. le commissaire de police voudra bien se transporter lui-même de cinq à sept heures du soir, et y retourner vers dix heures. Il visitera toutes les chambres.

3° La femme Leroy, son mari, la femme L... seront ramenés par l'inspecteur ; ils ne pourront sortir, sous aucun prétexte, jusqu'au lendemain neuf heures. Des précautions seront prises pour qu'ils ne puissent distraire aucun papier.

4° A neuf heures, M. le commissaire de police me retrouvera sur les lieux à l'effet de procéder à une nouvelle perquisition.

5° Pour toutes les opérations ci-dessus, les inspecteurs procéderont avec le plus grand secret ; ils éviteront ce qui pourrait donner l'éveil.

J'ai appartenu à la magistrature ; je sais combien elle est respectable.

Les jeunes gens qui s'y destinent passent par l'École de droit. Une vie d'étude et de continence les prépare à d'austères devoirs.

Mais quelle que soit la valeur morale d'un homme, dans notre État démocratique, il n'est pas possible de lui conférer à la fois l'omnipotence et l'irresponsabilité.

Si vous admettez qu'un juge inamovible, — qui, tout au plus, peut se voir enlever l'instruction, — prenant pour base de ses opérations un réquisitoire quelconque du procureur de la République, a le droit d'élargir indéfiniment le cercle de ses investigations, de décerner à son gré et sans contrôle des mandats de perquisition ou des mandats d'amener, et de requérir les agents de la police municipale, il n'y a pas de puissance qui puisse empêcher ce magistrat de requérir au besoin les brigades centrales, d'envoyer au Dépôt le président de la Chambre et celui du Conseil, de faire enfin un Deux Décembre à toute date de l'année.

Certes, les attributions du préfet de police sont menaçantes pour la liberté ; mais du moins ce fonctionnaire est amovible ; il est responsable devant le ministre de l'intérieur qui, lui-même, est responsable devant le Parlement.

Et cependant tel est l'effet des préjugés et des préventions qu'on n'hésite pas à accorder au premier venu, parmi les juges, des pouvoirs qui paraîtraient exorbitants s'ils étaient exercés par un haut fonctionnaire de l'ordre administratif.

J'adressai mes observations au chef du parquet.

L'honorable M. *** ne parut pas en tenir compte.

Je refusai alors de mettre mes agents à la disposition de ce magistrat pour un acte que je considérais à la fois comme étranger au mandat judiciaire qu'il avait reçu et comme contraire à l'ordre public dont j'avais la garde.

L'honorable M. *** m'écrivit à ce sujet une lettre dont la politesse un peu hautaine contient mal l'amertume.

Mais, en même temps, j'avais connaissance d'un fait qui devait me permettre de briser la fière obstination du juge et de faire prévaloir les droits de mon administration.

Parmi les papiers que l'honorable M. *** avait enveloppés dans les serviettes de la rue Duphot, se trouvaient pour environ 100,000 francs de billets souscrits à l'ordre de la femme Eppinger-Leroy par ses clients, auxquels elle avait prêté de l'argent, vendu des diamants ou fait des livraisons diverses.

Sur quelques-uns de ces billets figuraient des signatures honorablement connues.

Le juge d'instruction eût pu se dispenser de saisir ces valeurs; mais, les ayant en sa possession, il était fort embarrassé de sa capture.

Allait-il les joindre au dossier correctionnel et compromettre ainsi l'honneur de quelque grand nom?

L'honorable M. *** ne le voulut point, et, considérant que l'autorité d'un juge d'instruction est « un cercle dont le centre est partout et la circonférence nulle part », son imagination lui suggéra, pour faire rentrer les billets en la possession de ceux qui les avaient souscrits, un procédé tout à fait nouveau dans les annales de l'instruction criminelle.

Il jugea à propos de confier quelques-uns de ces billets à un de ses anciens camarades de collège, devenu agent d'affaires, le chargeant d'en encaisser le montant, et plusieurs souscripteurs furent avisés d'avoir à retirer leurs signatures d'une aussi fâcheuse circulation.

Je n'ai jamais douté des bonnes intentions de l'honorable M. ***; mais l'arbitraire en est pavé.

Je commençais à trouver absolument intolérable l'obstination de ce petit juge inamovible à mettre les pieds dans le plat de l'arbitraire.

En conséquence, je rédigeai un mandat ainsi conçu :

Nous, préfet de police,

Vu les renseignements à nous parvenus, desquels il résulte que le sieur F..., se disant avocat et domicilié à Paris, rue...., est détenteur de pièces saisies au domicile du sieur Eppinger, dit Leroy, telles que lettres, billets à ordre, etc.;

Attendu que la possession desdites pièces ne peut s'expliquer que par un acte délictueux, et qu'il importe d'empêcher qu'il en soit fait un usage préjudiciable à l'honneur des tiers;

En vertu de l'article 10 du Code d'instruction criminelle,

Mandons et ordonnons à M. Clément, commissaire de police, de se transporter au domicile dudit F..., à l'effet d'y rechercher et saisir lesdits papiers, qui seront envoyés à la préfecture de police.

Le procès-verbal qui sera dressé de cette opération nous sera transmis sans délai avec les objets saisis placés sous scellés.

Fait à Paris, le 24 février 1881.

ANDRIEUX.

Une heure plus tard, M. Clément, ayant rempli sa mission, m'apportait les billets à ordre et quelques lettres que l'honorable M. *** s'était cru autorisé à distraire de son dossier et à faire remettre à leurs signataires, par l'intermédiaire de l'avocat « receveur de rentes ».

J'écrivis le lendemain à M. *** la lettre suivante :

Paris, 25 février 1881.

Monsieur le juge d'instruction,

J'ai l'honneur de vous adresser la commission rogatoire que vous m'avez réclamée par votre lettre de ce matin.

J'ai fait connaître à M. le procureur de la République les motifs d'ordre public pour lesquels je n'ai pu consentir à ce que cette commission rogatoire fût exécutée par mes agents, et je l'ai prié de vouloir bien vous en entretenir.

Je joins à cette pièce un carnet saisi par vous chez la femme Leroy et que vous avez confié à M. Lerouge.

Enfin, j'adresse à M. le procureur de la République un scellé comprenant quatre lettres et deux billets à ordre que j'ai fait saisir chez un sieur F...

Je n'ai pu admettre et je me refuse encore à croire que ces documents, intéressant l'honneur des personnes, aient pu, après avoir été précédemment saisis par vous, sortir avec votre consentement de vos dossiers pour être confiés à un agent d'affaires, dans l'intérêt d'une négociation étrangère à la recherche des faits délictueux dont vous pouvez être saisi.

Je vous serai très obligé si vous voulez bien, à l'avenir, vous servir de mon intermédiaire pour faire parvenir à MM. les commissaires de police vos mandats et vos commissions rogatoires.

Nous éviterons ainsi des malentendus et des difficultés dont je désire bien sincèrement éviter le retour.

Veuillez agréer, monsieur le juge d'instruction, etc.

ANDRIEUX.

M. *** me répondit que M. F... n'était pas un agent d'affaires « dans le sens ordinaire du mot », et qu'il était chargé des intérêts des plus grandes familles ; il me donna l'assurance que son plus vif désir était de concilier ses devoirs de magistrat avec les nécessités administratives, dont il était le premier à comprendre l'importance.

Je serais désolé que ce récit sincère parût inspiré par un sentiment d'hostilité contre l'honorable M. ***[1].

Ce distingué magistrat a cédé à la tendance commune des juges d'instruction. Je rends bien volontiers hommage à la loyauté de ses intentions ; mais j'ai dû mettre en relief les abus honnêtes, les usurpations bien intentionnées de

---

[1]. En remplaçant ici par des étoiles le nom de ce magistrat, j'espère avoir suffisamment prouvé combien je suis éloigné de vouloir le désobliger.   L. A.

sa procédure, afin de faire connaître les vrais, les seuls motifs de l'intervention préfectorale.

Je n'ai pas, du reste, la prétention d'empêcher mes adversaires de raconter que le préfet de police prenait part aux orgies de la rue Duphot, qu'il s'y dissimulait sous l'ingénieux pseudonyme de *Mystère*, et que les mobiles les moins avouables peuvent seuls expliquer sa résistance aux procédés extra-judiciaires de l'honorable M. ***.

On ne remonte pas facilement le courant d'une légende que les poètes eux-mêmes ont consacrée.

Mon collègue Clovis Hugues l'a mise en petits vers au mois de mars 1881.

Sa pièce était intitulée *Monsieur Mystère*.

Elle était amusante, bien qu'un peu longue :

> A la porte d'un monastère
> Un personnage sérieux,
> Vêtu de noir comme Andrieux,
> Frappait un soir avec mystère.
>
> A la grille braquant les yeux,
> L'abbesse, une personne austère,
> Lui dit, non sans quelque mystère :
> « Nous ne redoutons qu'Andrieux ! »
>
> Il répondit : « Je sais me taire.
> » Au diable les gens curieux !
> » Je ne connais pas Andrieux ;
> » Je m'appelle monsieur Mystère. »

L'abbesse répliqua : « Tant mieux !
» Vous avez l'air d'un bon notaire...
» Veuillez entrer, monsieur Mystère,
» Et défiez-vous d'Andrieux ! »

Selon les rites de Cythère,
On fêta divers petits dieux.
Qu'aurait dit messire Andrieux,
S'il eût pincé monsieur Mystère ?

Notre homme, abreuvé de vins vieux,
Oublia le ciel et la terre :
« Buvons tous, dit monsieur Mystère,
» A la culbute d'Andrieux ! »

Les lecteurs de la *Ligue* chercheront la suite dans les œuvres complètes du poète marseillais.

C'est gai et pas méchant. La plus fine malice est dans le couplet suivant :

Dans les bureaux du ministère
On n'a qu'un détail précieux :
Les gants gris perle d'Andrieux
Vont très bien à monsieur Mystère.

Ne la retrouvant plus, j'ai dû prier Clovis Hugues de m'envoyer cette pièce de vers. Il y a joint deux mots d'autographe :

Mon cher collègue,

Ci-joint la *machinette* promise. Avec un bonjour à « Monsieur Mystère ».

CLOVIS HUGUES.

J'aime les gens qui ne se prennent pas au sérieux. Ils ne ressemblent ni aux francs-maçons ni aux juges d'instruction.

LX

Une parenthèse

L'affaire de la rue Duphot eut un épilogue ; mais, avant de le narrer, je demande à ouvrir une parenthèse.

Je veux répondre, sans plus tarder et en bloc, aux principales attaques dont mes *Souvenirs* sont l'objet et le prétexte.

Qui l'eût cru ? disent les officieux. Un ancien préfet de police, un ancien ambassadeur, livrer ainsi les secrets de l'administration ! c'est incorrect, c'est choquant ! Le gouvernement doit mettre fin à de telles indiscrétions, et puisque les poursuites dirigées contre M. le docteur Watelet[1] n'ont pas été comprises comme un avertissement indirect, il faut qu'à son tour M. Andrieux

[1]. M. le docteur Watelet venait d'être condamné à l'amende pour avoir fait connaître la maladie à laquelle avait succombé le peintre Bastien Lepage.

aille s'asseoir sur les bancs de la police correctionnelle pour violation du secret professionnel.

Expliquons-nous d'abord avec les officieux, pour la plupart anciens révolutionnaires qui s'éprennent d'un amour tardif de la correction, et n'ont pas eu toujours les mêmes pudeurs à la vue de ceux qui chiffonnent la collerette empesée de l'administration.

Après avoir trouvé que tous les moyens étaient bons pour jeter par terre les régimes précédents, les hommes qui sont au pouvoir prétendent s'approprier, pour consolider leur propre trône, toutes les traditions des monarchies qu'ils ont renversées.

Sous une monarchie, le fonctionnaire qui rentre dans la vie privée conserve des obligations de gratitude et de fidélité envers la dynastie dont il fut et restera le serviteur.

Mais, dans le système de nos institutions, quel est l'élément permanent au nom duquel on prétendra m'imposer les mêmes obligations.

Est-ce que je dois quelque chose au cabinet actuel[1]? Est-ce qu'il n'est pas composé de mes adversaires? Est-ce qu'il n'offense pas toutes les

---

1. Le cabinet présidé par M. Jules Ferry.

idées qui me sont chères? Est-ce qu'il ne barre pas le chemin aux espérances d'un meilleur avenir? Est-ce qu'il n'impose pas à mon pays une politique que j'abhorre?

Ce fut un député plutôt qu'un fonctionnaire qu'on appela en ma personne à la préfecture de police. Je m'efforçai, on le sait bien, d'y appliquer mes idées, non celles des gouvernements qui m'appelèrent ou me maintinrent à la tête de cette administration. J'y fus toujours l'adversaire des ministres de l'intérieur, mes prétendus chefs. J'en atteste M. Lepère et M. Constans : ni l'un ni l'autre ne dira que je fus pour eux un subordonné.

Quand je servis leur politique, c'est que je ne pus faire autrement.

Je donnai ma démission à la suite d'un conflit avec le ministre de l'intérieur.

Je retrouve aujourd'hui au pouvoir la politique dont j'ai voulu me séparer. Je la combats avec mes armes ; qu'elle les brise avec ses lois, si elle le peut.

Au nom de qui, au nom de quelle idée supérieure à nos discordes me demandera-t-on le respect ? Au nom de la patrie ?

Ce sont ses intérêts que je sers, suivant mon intelligence et mon cœur. C'est à son appel que je crois répondre dans la bataille où je suis engagé.

Je reprends, après M. Jules Ferry, mais avec d'autres vues d'avenir, le travail des « destructions nécessaires ».

Mais il me semble que j'entends, près de la tribune rostrale, le joueur de flûte de l'antiquité qui m'invite à donner une note moins élevée.

Ce flûtiste serait-il mon spirituel confrère M. Albert Wolff?

L'aimable courriériste du *Figaro* prend contre moi la défense des francs-maçons :

« C'est, dit-il, une besogne peu éclatante de déverser le ridicule sur d'honnêtes gens. »

Que vont dire les curés, dont le *Figaro* disputait à l'*Univers* la clientèle?

Seriez-vous franc-maçon, mon cher confrère? Ce n'est pas à vous, n'est-ce pas, qu'est arrivée l'aventure que raconte si spirituellement un député franc-comtois?

Le profane qui demande l'entrée du temple est mis en face d'un pistolet. Sous ses yeux, on verse la poudre dans le canon; on enfonce la balle forcée à coups de maillet; on place la capsule sur la cheminée :

— Profane, lui dit-on, vous allez vous brûler

la cervelle pour prouver que vous êtes digne d'ouvrir les yeux à la lumière.

— Moi, me brûler la cervelle, jamais! Plutôt la mort!

— Réfléchissez, profane.

— Jamais, vous dis-je : je renoncerais plutôt à être franc-maçon.

— Eh bien! profane, nous allons vous demander un sacrifice plus douloureux encore... Brûlez la cervelle au frère que voici.

Le profane lève le bras, comme mû par un ressort; son doigt presse la détente; le coup part... on n'entend que le bruit de la capsule. Il n'est pas besoin de dire que, si noire qu'elle fût, la poudre était inoffensive.

M. Albert Wolff ne se borne pas à rompre des lances en faveur des francs-maçons : « Le préfet de police, dit-il, est un serviteur de l'État. »

Pas de l'État actuel, mon cher confrère si vous le permettez.

En vérité, où allons-nous! Le *Figaro* fait-il concurrence au *XIXe Siècle?* Va-t-il prendre ce sous-titre : *Journal républicain conservateur?*

M. Charles Laurent, dans le *Paris*, n'est pas moins irrité. Il s'indigne que les fonds secrets aient été employés à subventionner la *Révolution sociale.* Il s'en prend à mon collègue

M. Laguerre, qui a invoqué ce précédent pour critiquer l'institution même de la préfecture de police.

— C'est la police de M. Andrieux qui opérait ainsi, dit M. Charles Laurent. Mais, depuis quatre ans, nous avons changé tout cela.

— Pardon, confrère, puisque je me suis dénoncé moi-même, je demande à compléter mes aveux, en dénonçant mes complices. J'ai agi sous les yeux de mes chefs hiérarchiques. Je n'ai rien caché au ministre de l'intérieur, qui représentait alors dans le cabinet l'élément gambettiste, et l'honorable M. Constans m'a affirmé que M. Jules Ferry, alors président du conseil, connut par lui l'origine et le but de la *Révolution sociale.*

J'en ai personnellement entretenu M. Gambetta, qui goûtait fort ces procédés de police.

Je dois ajouter, d'ailleurs, non pas à ma décharge, dont je me soucie peu, mais à celle de MM. Constans, Gambetta et Jules Ferry, qu'en donnant les fonds nécessaires pour fonder la *Révolution sociale,* je créais un moyen de surveillance et non un instrument de provocation.

Quand le *Paris* s'entend avec le *Cri du peuple* pour prétendre que l'argent donné pour le journal socialiste est responsable des condamnations encourues par Louise Michel, Kropotkine et Émile Gauthier, ces conservateurs endurcis que seule la police a jetés dans l'anarchie, ils abusent un peu de la crédulité publique.

Toutefois, je ne combats par leurs conclusions. Je me joins à eux pour demander l'amnistie. Marat était le père du peuple; je veux partager avec lui cette paternité. Les oppositions n'ont jamais intérêt à refuser l'amnistie.

Donc, je fais cause commune avec Mme Émile Gauthier, qui invoque mes révélations pour obtenir la mise en liberté de son mari.

Où je ne puis la suivre, c'est quand elle me réclame 292 francs qu'elle dit avoir payés pour le compte de la *Révolution sociale*.

Ce n'est pas le citoyen Andrieux, opérant pour son compte personnel, qui subventionnait le journal de M. Émile Gauthier et de Mlle Louise Michel, c'est le préfet de police agissant pour le compte et dans l'intérêt de l'État.

N'ayant pas emporté les fonds secrets, je ne puis accepter le passif.

Je conseille à Mme Émile Gauthier de s'adresser à M. Camescasse.

LXI

M. ***, juge d'instruction, et la rue Duphot.

Dieu et les lecteurs de la *Ligue* me sont témoins que j'ai été plein de ménagements pour M. ***, juge d'instruction.

Je ne me suis hasardé à critiquer sa procédure dans l'affaire de la rue Duphot qu'après m'être livré à une consciencieuse préparation de son amour-propre, en brûlant autour de son cabinet l'encens le plus capiteux. Je n'ai pas craint de dire, au risque d'offenser les susceptibilités les plus légitimes de ses collègues, qu'il était le plus clairvoyant parmi les juges d'instruction du tribunal de la Seine.

Il paraît que je n'avais pas suffisamment forcé la dose de l'hyperbole, car je reçois de cet honorable magistrat la lettre sèche et rogue que voici :

« Paris, le 17 mars 1885.

« Monsieur,

» Au mois de mars 1884, à la suite du grave conflit qui s'éleva entre nous, dans l'affaire dont vous venez de rappeler le souvenir, je n'eus aucune peine à justifier, auprès de mes chefs hiérarchiques, les mesures que j'avais ordonnées.

» Aujourd'hui, il me serait également facile, avec les documents du dossier, d'éclairer l'opinion sur les faits que vous m'imputez dans vos feuilletons, et de compléter ainsi, sur des points très importants, votre récit et des aveux utiles à retenir.

» Mais je ne pourrais me défendre qu'en trahissant, par une coupable violation du secret professionnel, le devoir du magistrat.

» Je ne le ferai sous aucun prétexte ; — vous pouvez donc, si cela vous plaît, poursuivre vos attaques, avec d'autant plus de liberté que vous êtes fixé maintenant sur l'attitude que j'entends conserver.

» Je laisserai au public le soin d'apprécier quel est, de nous deux, celui qui comprend le mieux ses devoirs.

» Vous voudrez bien insérer dans votre prochain numéro cette simple, mais très nette protestation, que j'ai l'honneur de vous envoyer, en vertu du droit de réponse que me donne la loi.

» Veuillez agréer, monsieur, l'assurance de ma considération la plus distinguée.

» ***,

» juge d'instruction. »

L'honorable juge d'instruction aurait pu se dispenser d'invoquer la loi pour obtenir l'insertion de sa lettre. La courtoisie et l'équité eussent suffi pour ouvrir les colonnes de la *Ligue* à ce qu'il appelle sa « simple, mais très nette protestation ».

Toutefois, il me permettra de n'être pas d'accord avec lui sur les épithètes, sa protestation me paraissant aussi dénuée de netteté que de simplicité. Je dis à M. *** :

1° Sortant du mandat que vous confiait le réquisitoire du procureur de la République, greffant sur une affaire spéciale une information plus ample qui intéressait votre amour-propre ou votre curiosité, vous êtes allé, sans votre greffier, faire une perquisition et une saisie dans une maison de débauche; vous avez emporté, sans en dresser procès-verbal, dans une serviette, qui n'était pas celle du juge d'instruction, des livres, des correspondances et des billets à ordre;

2° Vous êtes allé, toujours sans votre greffier, chez certaines personnes dont vous avez trouvé les noms sur les livres saisis; vous avez, au mépris de toutes les formes et de toutes les garanties judiciaires, commencé une enquête à domicile;

3° Vous avez donné des instructions à un commissaire de police pour retenir dans une maison de débauche, transformée par vous en poste de police, de quatre heures du soir à neuf heures du matin, toutes les personnes de l'un ou de l'autre sexe qui s'y pourraient présenter ; et ce n'étaient pas les auteurs d'un délit que vous alliez ainsi séquestrer pendant dix-sept heures, au risque de troubler profondément les familles, c'étaient tout au plus des témoins que vous mettiez arbitrairement en état d'arrestation pour pouvoir plus à votre aise les interroger le lendemain ;

4° Enfin, vous qui vous étiez montré si peu soucieux de ménager l'honneur des personnes et la paix des familles, vous avez eu des soins inattendus lorsque vous vous êtes trouvé en face de noms qui vous ont paru dignes de votre sollicitude.

Vous avez confié à un agent d'affaires les billets souscrits à l'ordre de la femme Leroy, et donné à votre mandataire l'étrange mission d'en opérer le recouvrement.

Voilà, monsieur, ce qui est *net ;* et, à l'appui de mes affirmations, j'ai apporté diverses pièces justificatives, notamment la copie textuelle des instructions données par vous au commissaire de police du quartier.

Ce qui serait *net* encore, ce serait d'opposer

un démenti à l'une des articulations ci-dessus.

Aucun secret professionnel ne vous empêche de nier l'exactitude de mon récit. Vous vous bornez à dire qu'il vous serait « facile de le *compléter;* » c'est reconnaître que vous n'avez rien à en retrancher.

Eh bien! monsieur, il se peut que vos « supérieurs hiérarchiques » se soient contentés de vos explications en 1881; mais je doute que l'opinion publique accepte aussi facilement les mesures pour l'exécution desquelles j'ai cru devoir, dans l'intérêt de la liberté individuelle et de la sécurité des familles, vous refuser le concours de mes agents.

Vous m'opposez le secret professionnel. Pour vous, monsieur, le secret professionnel est commode, en vérité, puisqu'il vous dispense, non seulement de vous expliquer sur les faits précis que j'articule, mais encore de répondre par une simple dénégation. Le secret professionnel vous est commode encore, parce qu'il vous dispense, faisant taire vos rancunes, de remplir vis-à-vis de moi un devoir de loyauté que je n'ai point à vous suggérer.

En ce qui me concerne, il n'y a pas de discrétion qui m'oblige à passer à la postérité sous le pseudonyme de *Mystère*, avec un arc à la main et des ailes dans le dos.

Pour expliquer mon intervention dans cette affaire et ne pas permettre à la mauvaise foi des partis d'en dénaturer plus longtemps les mobiles, j'ai dû faire connaître les actes auxquels j'ai refusé d'associer mes agents.

J'estime que c'était mon droit; j'en ai usé sans soulever aucun des voiles qui doivent être respectés.

Sous prétexte de protestation, la lettre de M. *** est l'aveu le plus complet de tout ce que j'avais affirmé.

Je pourrais m'en tenir à cette réponse; mais puisque l'honorable juge d'instruction, non content de l'approbation de sa conscience et de ses « chefs hiérarchiques », sollicite encore celle du « public », auquel il laisse « le soin d'apprécier quel est, de nous deux, celui qui comprend le mieux ses devoirs », je veux compléter mon récit en faisant connaître les dernières, mais non les moins graves conséquences des procédés d'instruction auxquels avait eu recours M. ***.

LXII

**Epilogue de l'affaire de la rue Duphot.
Un divorce à Bruxelles.**

Le garçon de café Petit subissait la peine à laquelle l'avait condamné le tribunal correctionnel, et déjà il n'était plus question de l'affaire de la rue Duphot, lorsqu'un procès en divorce devant les tribunaux belges vint en réveiller le souvenir.

Mme Haritoff plaidait en appel devant la cour de Bruxelles, sur un incident de procédure soulevé à l'occasion de sa demande en divorce.

Mme Haritoff voulait produire au procès des pièces de nature à justifier ses conclusions.

Le mari, M. Eugène Haritoff, bien connu du Tout-Paris, s'opposait à cette production, et son avocat, Me Lejeune, s'exprimait en ces termes :

Mme Haritoff se trouvait à Bruxelles dans le courant du mois de décembre 1880. M. Haritoff, étant parti pour Paris, avait laissé madame seule au domicile conjugal.

Il y avait là un coffret fermant à clef, dans lequel étaient enfermés des documents de deux catégories différentes : des papiers d'affaires et des lettres d'une nature très confidentielle. Le coffret a été fracturé, et les pièces qu'il contenait se trouvent aujourd'hui aux mains de Mme Haritoff, qui prétend s'en servir contre nous, *en y ajoutant deux lettres que M. Haritoff aurait écrites à une femme qui exercerait, dit-on, à Paris, la profession de proxénète.*

Madame refuse de dire comment les lettres se trouvent en sa possession. Nous disons qu'elles ont été détournées, qu'on ne les possède pas d'une façon licite, et nous demandons qu'elles nous soient restituées.

.... Quant aux autres lettres, *écrites par M. Haritoff à une femme Leroy, de Paris, on a paru expliquer leur possession en insinuant qu'elles auraient pu faire partie des pièces saisies chez cette femme, rue Duphot, lors d'une perquisition judiciaire qui y fut pratiquée.* On n'en justifie pas non plus la possession licite. Nous demandons qu'il soit interdit à Mme Haritoff de les produire dans le procès.

Me **Janson**, avocat de Mme Haritoff, répondit :

M. Haritoff laissait traîner des procès-verbaux de saisie, des reçus de 400,000 francs, que lui renvoyaient des gens à qui il s'était adressé pour emprunter de l'argent, *des lettres dans lesquelles il sollicitait un peu d'argent de la femme Leroy...*

On dit que ces papiers étaient enfermés dans une cassette que nous avons fracturée en décembre 1880. Or, parmi ces papiers, il y a un commandement d'huissier qui n'a été signifié qu'en janvier 1881.

Quant à la correspondance avec la femme Leroy, elle est peut-être scandaleuse, mais elle n'a rien de confidentiel. M. Haritoff lui écrivait pour lui emprunter de l'argent destiné à acheter les faveurs d'une jeune fille, Mlle X..., actrice d'un théâtre de Paris, avec laquelle il allait, quelques jours après, commettre un adultère à Nice.

Nous n'avons pas à vous dire comment nous avons ces lettres. Nous les avons, cela suffit.

.... Nous avons pour nous l'autorité de M. Demolombe, qui dit qu'en matière de séparation un époux peut se servir contre l'autre d'un écrit même confidentiel, quand il y a intérêt. Il ajoute que si l'écrit ne peut être produit, on peut en démontrer l'existence, même par témoins.

Eh bien ! faites citer comme témoin la femme Leroy ; je ne suppose pas qu'il y ait pour elle un secret professionnel. (*Hilarité.*) Les documents, dites-vous, sont confidentiels ; mais en matière d'adultère tout est confidentiel, clandestin. Le mari n'est-il pas admis à prouver l'adultère de sa femme en produisant des lettres soit de l'amant, soit d'elle-même ? La femme doit avoir les mêmes droits.

La cour décida que Mme Haritoff avait le droit de se servir, à l'appui de sa demande, des lettres qui étaient en sa possession, notamment de celles écrites à la femme Leroy, et ce fut sur la production de ces pièces, sans enquête, que le divorce fut prononcé.

Comment Mme Haritoff avait-elle en sa possession les lettres adressées à la proxénète? Ces pièces avaient-elles été comprises dans la saisie faite par M. ***? Qu'y avait-il de vrai dans les insinuations des parties?

Je repousse énergiquement la pensée que l'honorable juge d'instruction se soit dessaisi volontairement d'une pièce qui ne lui appartenait pas, pour en faire profiter l'une des parties engagées dans une instance en divorce.

Le souvenir que j'ai gardé, c'est que, peu de temps après la saisie, alors que l'affaire dite de la rue Duphot n'avait pas encore été réglée par le renvoi du nommé Petit en police correctionnelle, la femme Leroy s'adressa à la fois au procureur général et au préfet de police pour obtenir la restitution de deux lettres et d'un reçu, saisis par M. *** et qui lui avaient été, disait-elle, plusieurs fois réclamés par l'homme d'affaires de M. Haritoff.

Que s'était-il donc passé? Toutes les suppositions sont possibles, excepté celle qui incriminerait la conscience du magistrat.

Mais ayant, comme on se le rappelle, emporté pêle-mêle, sans inventaire et sans procès-verbal, tous les papiers de la rue Duphot, l'honorable M. *** se trouva fort empêché pour expliquer la disparition de ces lettres, et il dut comprendre, par la leçon des faits, mieux que par mes avertissements, que la prudence, la réserve, la scrupuleuse observation des formes judiciaires, ne sont pas des qualités moins appréciables que la clairvoyance chez les magistrats chargés de l'instruction.

De tous ces faits sortiront peut-être, pour le législateur, quelques enseignements utiles. La réforme du Code d'instruction criminelle est une des questions à l'ordre du jour.

Des efforts ont été faits pour donner des garanties nouvelles à la liberté individuelle; efforts plus louables souvent pour l'intention qui les a inspirés que pour la sagesse des dispositions législatives auxquelles ils ont abouti.

Par la suppression de l'article 10 du Code d'instruction criminelle on a voulu atteindre l'arbitraire des préfets et particulièrement du préfet de police.

Mais on n'a rien fait pour garantir la liberté des citoyens contre l'arbitraire plus redoutable des juges d'instruction.

Que sont les juges d'instruction attachés à tous nos petits tribunaux de province? Combien n'en est-il pas parmi eux dont les aptitudes sont modestes et le caractère présomptueux?

Je suis le premier à rendre justice à quelques-uns de ces magistrats, parmi lesquels j'ai trouvé moi-même, je ne puis l'oublier, de précieux auxiliaires.

Mais les attributions de tous sont les mêmes et elles sont, pour quelques-uns, comme un instrument dangereux entre des mains imprudentes ou inhabiles.

A peine le chef du parquet a-t-il signé un réquisitoire, que l'action du juge d'instruction est en mouvement : elle ne connaît plus ni entraves ni limites ; les mandats de perquisition, les mandats de comparution, les mandats de dépôt, les mandats d'amener, les mandats d'arrêt, sont les instruments légaux mis à la disposition du juge ; la police et la force publique obéissent à ses injonctions.

Cet homme, qui se faisait, il y a trois ou quatre ans peut-être, refuser à ses examens de droit, a maintenant toutes les licences ; il est notre maître à tous, et, chaque matin, quand nous nous réveillons dans notre chambre à coucher, nous devons rendre grâce au juge d'instruction : il dépendait de lui de nous faire passer la nuit dans une cellule ; il ne l'a pas voulu. Que son saint nom soit béni !

LXIII

Les explications de M. André de Trémontels.

A propos des fonds secrets, et par un enchaînement d'idées un peu cherché, j'ai été amené à parler de M. André de Trémontels dans mes *Souvenirs*.

L'ancien préfet de l'Aveyron et de la Corse m'adresse aujourd'hui une lettre intéressante ; il n'est que juste de donner à la défense la même place qu'à l'attaque :

« Paris, le 20 mars 1885.

» Monsieur le député,

« Les imputations dont vous vous êtes fait l'écho ne sont pas nouvelles. Dès qu'elles se sont produites pour la première fois, au mois de novembre 1882, je m'en suis expliqué et je n'ai pas eu de peine à me justifier devant mes chefs hiérarchiques, qui m'ont depuis lors continué leur confiance et m'ont honoré de maints témoignages d'estime jusqu'au jour où, pour des considérations purement politiques, ils ont cru devoir me sacrifier.

» Après les dénonciations de M. Demangeat, qui m'avait succédé dans l'Aveyron, je fus appelé à fournir à M. Fallières, ministre de l'intérieur, les explications les plus complètes. Une enquête fut faite par les soins de M. Le Guay, directeur des affaires départementales.

» De retour à mon poste, j'y fus à diverses reprises l'objet des témoignages de la satisfaction de mes chefs, et le successeur de M. Fallières, M. Waldeck-Rousseau, m'en donna une preuve éclatante en m'élevant à la 1re classe de mon grade, à la date du 8 décembre 1883. La présence de M. Le Guay auprès de M. le ministre de l'intérieur ne permet pas de douter qu'à cette date M. Waldeck-Rousseau connaissait les accusations dont j'avais été l'objet.

» Dans cette première partie de mon administration en Corse et jusqu'à la date à laquelle se place votre interpellation sur les affaires de ce département, j'avais strictement obéi aux instructions de M. le ministre de l'intérieur en ce qui concernait mes relations avec les diverses fractions du parti républicain.

» Après les retentissants débats de l'interpellation, j'eus l'honneur d'être reçu par M. le président du conseil. M. Jules Ferry me parla en termes très vifs de certaines personnalités corses et des incessantes difficultés qu'elles suscitaient au gouvernement. Je crus dès lors répondre aux intentions de M. le président du conseil, en même temps qu'aux intérêts de la République, en me montrant conciliant et désireux d'amener un rapprochement entre les diverses fractions du parti républicain.

» Cette nouvelle attitude, qui, pour être conforme aux vues élevées de M. le président du conseil, n'était pas de même appréciée au ministère de l'intérieur, ne tarda pas à appeler sur moi la défaveur de mes chefs. Je pus lire dès le mois d'août dans les journaux que ma mise en disponibilité était décidée. J'interrogeai à cet égard M. le directeur de l'administration départementale, et le témoignage de ce haut fonctionnaire m'est trop précieux pour que je ne m'en empare pas aujourd'hui. M. Le Guay m'écrivait, en effet, à la date du 3 septembre 1884 :

   Mon cher préfet,

. . . .
. . . . Il n'a jamais été question de votre mise en disponibilité.

Le ministre, avant son départ pour Nantes, m'avait

simplement manifesté l'intention de vous rappeler sur le continent, dans un autre poste *au moins équivalent.*

Croyez, mon cher préfet, à mes meilleurs sentiments.

GIL. LE GUAY.

» Quel ne fut pas mon étonnement lorsque, à la date du 5 octobre, j'appris que j'étais révoqué. Je me rendis immédiatement au ministère de l'intérieur. Personne ne me parla des accusations de M. Demangeat. Personne ne songea à expliquer, par de tels motifs, la révocation dont j'étais l'objet, et les indications qui me furent données, pour justifier cette mesure, étaient d'ordre purement politique ; elles se référaient notamment à mes relations avec certains républicains estimés de leur parti, mais vus avec défaveur par des personnalités influentes. Toutefois, mes protestations eurent pour conséquence de faire remplacer, à la date du 18 octobre, le décret de révocation par un décret de mise en disponibilité.

» Lorsque plus tard, monsieur le député, vous avez cru devoir interroger M. le ministre de l'intérieur, je puis affirmer qu'à ce moment mon dossier était complètement connu de M. Waldeck-Rousseau. Mes relations avec M. le directeur des affaires départementales continuaient à être des plus amicales, comme le témoigne ce mot qu'il m'adressa la veille même de votre question :

Mon cher André,

Il faut que je vous parle ce soir. J'attendrai au café de la Paix jusqu'à la clôture.

GIL. LE GUAY.

» La familiarité de cette lettre, le lieu même du rendez-vous, indiquent suffisamment dans quels termes j'étais resté avec ce haut fonctionnaire qui, mieux que personne, connaissait les faits, puisqu'il avait lui-même fait l'enquête.

» Vous savez le reste, monsieur le député. Vous comprendrez, après cet exposé des faits, que je me sois refusé à m'adresser à la justice. Abandonné de mes chefs, frappé par eux, j'étais exposé à me présenter devant les tribunaux dans une situation de défaveur que je n'ai pas voulu subir. J'ai considéré que les témoignages antérieurs de mes chefs suffisaient, et que, s'ils avaient cessé de me couvrir, chacun comprendrait qu'ils avaient obéi à des préoccupations d'ordre parlementaire et au souci des intérêts ministériels que pouvait engager le retour de questions portées à la tribune.

» Veuillez agréer, monsieur le député, l'assurance de ma haute considération.

» André de Trémontels. »

Après avoir entendu les explications de M. André de Trémontels, le lecteur appréciera dans quelle mesure il se sent satisfait et convaincu.

Quant à moi, je n'ai pas le courage de piétiner sur ce malheureux fonctionnaire abandonné des dieux et de M. Waldeck-Rousseau.

Je reconnais même qu'il est dans la tradition et dans la correction hiérarchiques, quand il invoque l'approbation de ses chefs et déclare qu'elle lui suffit. Il ne tient pas un autre langage que l'honorable M. ***, juge d'instruction, qui lui aussi disait, à cette même place : « Je n'eus aucune peine à justifier auprès de mes chefs hiérarchiques les mesures que j'avais ordonnées. »

Où l'ancien préfet se montre inférieur comme dialecticien au juge d'instruction, c'est lorsqu'il néglige d'ajouter : « Il me serait également facile, avec les documents du dossier, d'éclairer l'opinion sur les faits que vous m'imputez. Mais je ne pourrais me défendre qu'en trahissant, par une coupable violation du secret professionnel, le devoir du magistrat. Je ne le ferai sous aucun prétexte. »

A vrai dire, j'aime mieux la netteté avec laquelle M. André de Trémontels affirme que M. Waldeck-Rousseau connaissait complètement son dossier quand fut signé le décret qui l'élevait à la première classe de son grade. Il vient ainsi joindre son démenti à celui opposé par M. Demangeat aux allégations ministérielles, et il y a de sa part quelque crânerie à accuser son ancien chef d'avoir mis sur l'échine de la vérité un déguisement carnavalesque.

La lettre de M. André de Trémontels contient d'ailleurs d'utiles renseignements dont il importe de déduire les conséquences.

Si la Chambre n'était tout entière absorbée par la préoccupation de savoir à quel scrutin seront accommodés les députés aux prochaines élections, c'est à la tribune du Palais-Bourbon qu'il eût fallu porter les questions que soulève la lettre de M. André de Trémontels. C'est là qu'il eût fallu placer M. Waldeck-Rousseau entre ses propres affirmations et celles de son subordonné.

Mais les députés ne me pardonneraient pas de les arracher momentanément au soin de leur avenir législatif, pour les ramener à l'examen des responsabilités ministérielles.

Je me borne donc à présenter de simples observations du haut de ma petite tribune personnelle. Là, du moins, je ne suis exposé ni aux interruptions ni aux rappels à l'ordre.

Il me paraît établi que l'honorable ministre de l'intérieur traite avec quelque indifférence les questions relatives à la probité de ses fonctionnaires. Un de ses préfets est accusé de concussion : le ministre n'hésite pas à lui prodiguer les témoignages de sa confiance.

Mais si ce même préfet cesse de servir les rancunes, les convoitises, les intérêts électoraux ou autres dont le ministre a le dépôt sacré ; s'il s'avise de prendre au sérieux les appels pressants de la presse officieuse à l'union des républicains, l'infortuné fonctionnaire ne tarde pas à porter la peine de sa naïveté.

Les explications de M. André de Trémontels laissent peut-être beaucoup à désirer au point de vue de sa défense personnelle, mais elles éclairent d'une édifiante lumière le caractère des ministres de notre République parlementaire.

N'ayant d'autre objectif que de conserver la confiance de leur majorité, considérant que toute la politique consiste à la maintenir groupée autour du cabinet et à la faire revivre dans une prochaine assemblée par la réélection de ses membres, tous les instruments comme tous les moyens leur sont bons pour préparer à leurs amis des succès électoraux.

Mais sitôt qu'apparaît à l'horizon le grain menaçant d'une interpellation, les fonctionnaires compromis sont jetés à la mer ; car la loi suprême de notre parlementarisme, c'est le salut du cabinet.

LXIV

Le suicide du général Ney.

Tandis que l'honorable M. *** poursuivait l'instruction dont il a été parlé plus haut, la fin tragique du général Ney, duc d'Elchingen, émut profondément l'opinion publique, préparée depuis quelque temps par les récits de la presse à chercher l'explication de tous les événements parisiens dans les causes les plus contraires aux mœurs et à la nature.

Le lundi 21 février, dans la soirée, un landau s'arrêtait à la porte de M. Duvivier, officier d'ordonnance du général. Un inconnu montait chez M. Duvivier et lui disait que le général l'attendait en bas.

M. Duvivier trouva le général dans le landau,

en compagnie de deux messieurs : « Veuillez prévenir la duchesse, dit le général d'un ton fébrile, que je ne rentrerai pas ce soir, ni peut-être demain. Je suis retenu à Versailles par mon service. »

Le landau s'éloigna rapidement, et M. Duvivier remonta chez lui, très frappé de l'air préoccupé et agité du duc d'Elchingen, et des allures suspectes de ses trois compagnons.

Le duc ne reparut pas.

Il fut activement recherché par la police, mais sans résultat.

Des lettres anonymes furent envoyées à la famille; des mesures furent prises pour surprendre l'auteur de ces lettres au rendez-vous qu'il avait donné place du Château-d'Eau. Mais personne ne se présenta, à l'heure indiquée, pour recevoir la réponse que ces lettres exigeaient.

Les conjectures de la préfecture de police n'avaient pas fait fausse route, et, dès que la première lettre anonyme me fut connue, j'exprimai à la famille du duc d'Elchingen une opinion que les faits ne tardèrent pas à justifier.

Le 23 février seulement, M. Duvivier se décida à faire connaître que le général avait loué une cave dans une maison située à Bagneux, et qu'il avait coutume de s'y exercer au tir du pistolet.

À ce moment, je ne doutais plus que le général ne se fût suicidé, et, pour accomplir sa funeste résolution, il devait avoir choisi le lieu retiré où étaient ses pistolets.

M. Duvivier se rendit à Bagneux, accompagné de M. Macé.

Ils durent passer devant la statue élevée au maréchal Ney, prince de la Moskowa, près de l'Observatoire, à la place même où il fut fusillé le 7 décembre 1815.

Arrivés à Bagneux, le chef de la sûreté et l'officier d'ordonnance descendirent à la cave en s'éclairant d'une bougie. La porte était fermée intérieurement; le doute n'était plus possible; le duc d'Elchingen était là.

La porte fut enfoncée; le courant d'air qui s'établit aussitôt éteignit la bougie au moment même où M. Duvivier, qui faisait un pas en avant dans l'obscurité se heurta au corps ensanglanté de son général.

Cette circonstance que la porte de la cave se trouvait fermée avec la clef restée dans la serrure à l'intérieur ne permettait pas de douter que le duc ne se fût suicidé.

Mais quelle était la cause de cette résolution extrême que rien ne faisait prévoir?

Le duc d'Elchingen, il est vrai, avait laissé

percer depuis peu de temps quelque tristesse. Il avait été appelé à déposer récemment dans une affaire correctionnelle. Un mot d'esprit malheureux lui avait valu les railleries de la presse; il en avait été affecté. D'autre part, il avait été question d'un duel avec un journaliste; on a dit que le général avait, pour s'y préparer, discrètement loué la cave de Bagneux, dont les orifices étaient soigneusement bouchés, de manière à étouffer le bruit; de longs fils à plomb tombaient verticalement de la voûte et permettaient de s'exercer à trouver la ligne en levant le bras au commandement.

Mais les railleries de la presse et l'éventualité d'un duel ne sont heureusement pas une cause de suicide.

Aussi les journaux se livrèrent-ils aux conjectures les plus fantaisistes; ils allèrent jusqu'à rapprocher de l'affaire de la rue Duphot ce dramatique événement, sans autre motif que la coïncidence des dates.

Pour couper court à ces regrettables suppositions, il eût peut-être fallu livrer à l'opinion publique les faits tels qu'ils s'étaient passés. La mémoire du duc d'Elchingen n'avait rien à y perdre, et la police y eût gagné d'être délivrée des sommations d'une presse indiscrète, qui prétendait que dans une démocratie les autorités n'ont pas le droit de rien cacher à la curiosité du public.

Mais la famille, qui est le meilleur juge de ce qui touche à la considération des siens, crut devoir se renfermer dans une extrême réserve. Il ne m'appartenait pas dès lors d'en sortir moi-même; aujourd'hui encore, je dois me borner à dire que tous les détails de ce drame m'ont été connus, qu'aucune affaire de mœurs n'y a été mêlée, et que, malgré de trompeuses apparences qui ont pu égarer l'opinion, les faits n'ont été, à aucun moment et à aucun point de vue, de nature à exiger l'intervention de la justice.

Le 23 février, au soir, lorsque M. Duvivier et M. Macé vinrent me faire connaître le résultat de leurs recherches à Bagneux, je partais pour le ministère de la guerre, où il y avait réception. Je fis part au ministre de ce que je venais d'apprendre. La nouvelle s'en répandit bien vite dans les salons, et fut douloureusement accueillie dans ce milieu militaire, où le général Ney ne comptait que des amis.

LXV

**L'enquête sur les actes du général de Cissey.
La baronne de Kaulla.**

Un autre officier supérieur était depuis quelque temps en butte aux plus violentes attaques de la presse radicale.

Ancien ministre de la guerre, le général de Cissey, malgré l'éclat de ses services, s'entendait accuser d'avoir dilapidé les deniers de l'État et d'avoir livré à l'ennemi les secrets de la défense nationale.

Concussion et trahison, tels étaient les deux chefs de l'invraisemblable accusation que le patriotisme inquiet d'un député de l'extrême gauche consentit à porter devant la Chambre.

Une enquête fut ordonnée par la Chambre et de nombreux témoins furent entendus.

L'accusation reposait principalement sur les relations du général de Cissey avec la baronne de Kaulla, qu'on supposait être une espionne de l'Allemagne.

Depuis la guerre de 1870, on a beaucoup abusé de l'accusation d'espionnage, et d'autres femmes en ont été l'objet qu'une situation à la fois plus indépendante et plus régulière semblait devoir protéger.

La baronne de Kaulla, qui avait épousé le colonel Yung, vivait séparée de son mari, dans un élégant petit hôtel de l'avenue d'Iéna, où elle s'entourait d'un luxe que l'amitié du général pouvait suffire à expliquer.

La commission d'enquête fit appeler comme témoins trois préfets ou anciens préfets de police, pour avoir sur la baronne l'opinion de la préfecture, et surtout pour savoir s'il était vrai, comme on l'avait affirmé, que des perquisitions eussent été faites à son hôtel à l'effet d'y chercher la preuve de sa culpabilité.

M. Léon Renault, toujours correct, parut d'abord vouloir se retrancher derrière le secret professionnel. Cependant il nia avoir jamais dit que Mme de Kaulla était « dangereuse pour le pays ». Interrogé sur les perquisitions qu'on disait avoir été faites, sans qu'on en eût précisé la date : « Je déclare, répondit-il, que je n'ai jamais fait opérer de perquisitions chez Mme de Kaulla, et que jamais la pensée n'en est même venue à la préfecture de police, à l'époque où j'étais en fonction. »

M. Voisin nia de son côté avoir jamais ordonné

pareille visite domiciliaire et il ajouta : « Après avoir fait des recherches, je n'ai acquis en aucune façon la preuve que Mme de Kaulla fût un agent de l'étranger. Il me paraît que c'est une femme cherchant à avoir un salon, à réunir autour d'elle des notabilités parisiennes. Je le répète, je n'ai rien découvert qui permît de dire que Mme de Kaulla fût un agent de l'étranger. »

Appelé à déposer à mon tour, j'avais fait faire les plus minutieuses recherches, et je dus affirmer qu'il n'existait, ni sur les registres de la préfecture ni sur les répertoires des commissaires de police, aucune trace de perquisition opérée chez la baronne de Kaulla ; que, d'autre part, je n'avais aucune raison d'ajouter foi à la rumeur qui l'accusait d'être au service de l'Allemagne.

Un incident fut soulevé par plusieurs membres de la commission, à l'occasion de mon témoignage. Ces honorables membres demandaient que les dossiers de police concernant le général de Cissey et Mme de Kaulla fussent remis à la commission.

J'expliquai à mes collègues ce que j'ai dit à mes lecteurs dans l'un des premiers chapitres de mes *Souvenirs :* que les dossiers de police n'étaient pas faits pour les profanes, ceux-ci fussent-ils représentants du peuple ; qu'ils contenaient non moins d'articulations inexactes ou douteuses que d'affirmations conformes à la vérité ; qu'ils pouvaient être utiles pour aider l'administration dans ses recherches, mais non pour éclairer la conscience des juges.

La commission voulut bien ne pas insister. Un débat sur l'enquête s'ouvrit devant la Chambre, et ne laissa rien subsister des diffamations qui ont attristé les dernières années du général de Cissey.

LXVI

Le laboratoire municipal. — Les chiens à la fourrière.

Les journaux nous apprennent que les marchands de vin de Paris se sont réunis vendredi dernier, au nombre de trois ou quatre mille, au Cirque d'hiver, sous la présidence de M. Tony Révillon.

C'est même ce fâcheux meeting qui m'a privé du plaisir de me rencontrer ce jour-là avec l'honorable député de Belleville, invité, ainsi que moi, dans une maison amie, mais empêché de boire les vins de notre amphitryron par l'obligation supérieure de manifester en faveur du *mouillage*.

Ah! c'est que les marchands de vin ne sont pas une quantité électorale négligeable. Non seulement ils sont nombreux, mais encore ils sont influents.

Gambetta le savait bien, et, durant cette année 1881 consacrée par lui à la préparation des élections, après avoir réuni les voyageurs de commerce pour leur confier le soin d'évangéliser les départements, il vint, lui aussi, présider l'assemblée des marchands de vin, leur promettant la liberté du mouillage, à défaut de la séparation de l'Église et de l'État.

La liberté du mouillage, c'est cette liberté-là qui n'est pas une guitare!

Habile à trouver ces mots heureux qui résument une thèse et l'imposent aux esprits simples, M. Gambetta avait imaginé, à l'usage des marchands de vin, la distinction entre la falsification et la « dénaturation ».

Il n'y a falsification, suivant l'éminent homme d'État, que si le marchand introduit dans le vin des substances chimiques colorantes dont l'effet peut être nuisible à la santé.

Quant au mouillage, qui consiste simplement en une addition d'eau, M. Gambetta n'y voyait qu'un acte de « dénaturation » absolument licite et moral.

Mettre de l'eau dans son vin, ce n'est point faire un mélange que l'opportunisme seul doive encourager. Mais le mouillage va plus loin ; il consiste à mettre de l'eau dans le vin d'autrui et à tromper le public sur la nature de la marchandise vendue.

N'acceptant pas le *distinguo* de M. Gambetta, je crus devoir donner aux consommateurs de nouvelles garanties, non seulement contre les fraudes des débitants de vin, mais encore contre celles de tous les marchands.

L'Angleterre, l'Allemagne, la Belgique s'étaient occupées longtemps avant nous des questions relatives à l'hygiène publique et à l'alimentation. Je me fis adresser des rapports relatifs aux mesures employées à l'étranger, et l'étude qui en fut faite sous ma direction, avec le concours de M. Cambon et de M. Girard, me permit d'installer, à peu de frais, dans les bâtiments de la préfecture de police, le « laboratoire municipal ».

En lui donnant cette dénomination, j'avais moins pour but d'affirmer mes sympathies que de mettre sur le nouvel établissement une sorte de paratonnerre, en intéressant à sa conservation et à sa prospérité l'amour-propre des parrains que je lui donnais.

J'estime que le laboratoire a rendu les plus

utiles services à la santé publique. Mais les révélations de l'analyse chimique ont soulevé plus de colères contre le préfet qu'elles ne lui ont valu de sympathies.

Je m'occupais en même temps de répondre à un vœu émis par le conseil municipal, en faisant construire des voitures pour le transport des personnes atteintes de maladies épidémiques.

L'étoffe des voitures ordinaires garde facilement le germe de la maladie et le transmet ensuite aux voyageurs qui succèdent au malade. C'est là une des causes par lesquelles les épidémies se répandent.

Pour y obvier, les villes de Londres et de Bruxelles employaient depuis longtemps des véhicules spéciaux, faciles à laver et à désinfecter. Je n'eus qu'à suivre les exemples que je rencontrais chez nos voisins.

Une autre innovation à signaler fut la réforme du procédé barbare employé à la fourrière pour la destruction des chiens.

Parmi les êtres nuisibles dont la société est forcé de requérir le trépas, dans un intérêt de sécurité publique, il n'en est pas de plus dignes de compassion que les chiens errants. Sauf de rares exceptions, ce sont les parias de l'espèce canine : laids, étiques, boueux, personne ne songe à les recueillir. Sans maître, sans abri, ils vont, sous la bise et la pluie, cherchant de carrefour en carrefour quelque informe détritus pour soutenir leur vie austère, jusqu'à ce que l'administration les tire de leur détresse en les plongeant dans l'infini.

Est-ce leur faute, à ces déclassés, si la nature leur refusa les avantages de la forme ou si la destinée négligea de les pourvoir d'un gîte légal et d'un protecteur responsable ?

Telles sont les réflexions que je retrouve, non signées, dans un journal aujourd'hui disparu, et je me les approprie ; car elles traduisent, sans exagération, le sentimentalisme qui m'amena à remplacer la pendaison des chiens par l'anesthésie.

Livrée à son cours naturel, l'agonie des chiens pendus se fût prolongée quelquefois au delà de trente minutes, tant la cohésion de leurs vertèbres supérieures est rebelle à la rupture ; c'est pourquoi les bourreaux de ces malheureuses victimes des règlements municipaux s'efforçaient, par de vigoureux coups de marteau appliqués sur le crâne, d'y déterminer au plus vite une congestion.

Ce fut M. le docteur Poggiale, membre du conseil d'hygiène, qui proposa un procédé nouveau pour remplacer cette méthode répugnante de destruction.

Placés dans une caisse hermétiquement fermée, les chiens sont asphyxiés par le gaz d'éclairage arrivant au moyen d'un tuyau muni d'un robinet. Une lucarne vitrée, pratiquée dans la couverture de la caisse, permet de suivre les progrès de l'anesthésie. La sensibilité cérébrale s'évanouit avant la vie. Il se produit un rapide empoisonnement qui dure à peine quelques minutes et ne cause aucune souffrance.

Ce n'est pas seulement sur la foi des savants que nous pouvons affirmer la douceur de ce genre de trépas. Nous avons des témoignages. Plusieurs ouvriers de la Compagnie du gaz ont subi un commencement d'asphyxie par cet agent délétère.

Ils racontent qu'ils ont éprouvé une sensation semblable à celle que produisent les excès de boisson : une sorte d'ivresse hilare, mêlée d'hébétement et suivie d'une inertie radicale des fonctions cérébrales.

Un de ces ouvriers, me racontant l'accident auquel il avait heureusement échappé, me disait :

—Je me sentais comme si j'avais bu trop de vin de Champagne.

Une réflexion s'est naturellement présentée à

l'esprit de tous ceux qui ont assisté au spectacle de ces destructions nécessaires : Pourquoi ne ferait-on pas profiter les bipèdes des moyens par lesquels l'administration compatissante s'efforce d'adoucir les derniers instants des contribuables appartenant à la race canine? Pourquoi ne pas remplacer la guillotine par l'anesthésie?

LXVII

Des fonds secrets, des services qu'ils rendent aux candidats officiels et de quelques abus.

Dans la discussion du budget de l'exercice 1885, lorsque je pris la parole pour combattre la demande de crédit relative aux fonds secrets, j'eus l'honneur de rappeler à la Chambre que l'année 1885 allait être une année d'élections, et j'exprimai la crainte que le crédit de deux millions, au lieu d'être employé suivant sa destination, ne devînt un instrument peu loyal de candidature officielle.

Mon manque de confiance scandalisa d'honorables collègues, qui puisent dans le sentiment de leur propre vertu un témoignage irrécusable en faveur de l'intégrité des ministres.

Je sais combien les illusions généreuses contribuent au bonheur de la vie, et j'hésite à effeuiller celles qui font cortège au cabinet de l'honorable M. Jules Ferry.

Je voudrais surtout ne pas immoler aux nécessités de ma démonstration une sympathique victime.

Cependant les allégations vagues ne sauraient suffire ; il faut apporter des faits à l'appui des affirmations ; l'approche des luttes électorales, le devoir patriotique de ne rien épargner pour écarter du nouveau Parlement les complices d'une politique néfaste, m'obligent à me départir des hésitations qui m'ont arrêté jusqu'ici dans l'accomplissement d'un sacrifice nécessaire.

Ces hésitations, elles seront excusées par les plus sévères censeurs, lorsqu'ils sauront que, pour faire ma preuve, je suis obligé de mettre en cause un homme dont le caractère et le talent font autant d'honneur au Parlement qu'à l'Université.

D'ailleurs, je suis heureux de penser que mes révélations, sans atteindre sa sympathique personnalité, iront droit au but que je vise et frapperont dans la cible de la candidature officielle et des fonds secrets.

Je demande pardon au lecteur qui s'impatiente de toutes ces précautions et j'arrive à mon fait.

C'était à la veille des élections de 1881. M. Gambetta, qui n'a pas toujours été aussi heureux dans ses choix, avait jeté les yeux sur un éminent professeur pour qui la philosophie n'avait pas de secrets, et il l'avait désigné comme étant son candidat préféré pour l'arrondissement de Rodez.

Le préfet de l'Aveyron reçut de la bouche même du président de la Chambre des instructions nécessaires au succès de cette candidature. M. André de Trémontels, car c'était lui qui administrait alors ce pittoresque département, fut à la hauteur de la tâche qui lui avait été confiée, et la Pucelle d'Orléans put compter à la Chambre un ami sûr et fidèle.

On a peut-être deviné que l'heureux candidat était l'honorable M. Joseph Fabre, auteur d'une fort remarquable étude sur Jeanne d'Arc et d'un projet patriotique de fête nationale.

M. Joseph Fabre reçut sur les fonds secrets, par les mains du préfet de l'Aveyron, la somme nécessaire pour payer les frais de son élection, c'est-à-dire un peu plus de trois mille francs.

Je ne saurais dire combien je suis fâché d'être obligé de prononcer ici le nom de mon honorable collègue, mais il sera le premier à comprendre que ma polémique contre l'abus des fonds secrets perdrait une grande partie de son efficacité si elle était purement doctrinale et impersonnelle.

Je m'empresse, d'ailleurs, d'ajouter que l'honorable M. Joseph Fabre n'est pas le seul membre de la majorité qui ait été indemnisé de ses dépenses sur les fonds affectés à la police secrète, et ce n'est point à ces honorables collègues que j'entends faire remonter la responsabilité du rôle passif qui leur a été imposé par des désignations supérieures. C'est aux gouvernements, c'est aux institutions que je m'en prends. C'est aux électeurs que je fais appel, en m'efforçant d'ouvrir les yeux aux braves gens qui s'imaginent vivre sous un régime de probité et qui croient qu'on disserte sur l'histoire des Mérovingiens quand on leur parle de la candidature officielle.

Je m'adresse à ces actionnaires de la politique qu'on nomme des contribuables, et au moment où les directeurs de la Société anonyme proposent de nouveaux appels de fonds, je demande auxdits actionnaires de ne pas envoyer siéger au conseil d'administration des hommes que les plus élémentaires obligations de la gratitude rendront incapables de tout contrôle.

LXVIII

Le scrutin du 9 janvier et le nouveau conseil municipal.

Le 9 janvier 1881 avaient lieu les élections municipales. Les électeurs parisiens avaient à choisir quatre-vingts conseillers parmi les deux cent dix candidats qui briguaient leurs suffrages.

Pour l'acquit de ma conscience de préfet de police, j'avais suscité quelques candidatures excentriques, destinées à enlever quelques suffrages à mes adversaires du groupe autonomiste. Je savais que, à défaut d'autres résultats, ces procédés électoraux seraient goûtés dans les régions supérieures où s'inspiraient les ministres.

J'en fus pour mes frais d'affiches, de bulletins et de subventions à la presse.

Personnellement, je me considérais comme fort désintéressé dans le scrutin.

Les autonomistes étaient franchement contre moi; mais, pour y mettre d'autres formes, les opportunistes ne me témoignaient guère moins d'hostilité; d'ailleurs, leur souci de popularité ne leur permettait pas une autre attitude. Il n'y avait au conseil municipal qu'un groupe qui fût toujours avec le préfet de police dans toutes les questions où les intérêts de son administration étaient sérieusement engagés : c'était le petit groupe des conservateurs, royalistes ou impérialistes.

Ce n'était donc pas d'un changement dans la composition du conseil que je pouvais attendre l'aplanissement des difficultés contre lesquelles je luttais depuis deux ans.

J'attendis avec quelque indifférence, dans mon cabinet, les résultats du scrutin que le télégraphe m'apportait des divers quartiers de Paris, puis je me rendis à la place Beauvau pour en conférer avec le ministre de l'intérieur.

Quand j'arrivai, M. Gambetta, largement assis et fumant son cigare dans le salon du ministre, se félicitait avec M. Constans des résultats de la journée, tandis que M. Adrien Hébrard égayait la conversation par ses saillies, et dépensait en prodigue l'esprit qu'on ne lui connaît pas, parce qu'il le cache aux yeux du public sous les lourdes draperies du *Temps*.

On était tout à la joie. La protestation conservatrice n'avait gagné que trois sièges, ce qui portait à sept le nombre de ses représentants.

Sur quatre-vingts conseillers municipaux, c'était un résultat insignifiant.

Le collectivisme révolutionnaire avait été écrasé partout où il avait tenté les chances du scrutin. Pas un candidat ouvrier n'avait recueilli un nombre respectable de suffrages. Parmi les anciens membres de la Commune qui s'étaient présentés, aucun n'avait été élu.

Le plus modéré d'entre eux, M. Amouroux, restait en ballottage, ainsi que M. Trinquet lui-même, à qui sa précédente élection et son retour triomphal de Nouméa semblaient assurer le succès.

La majorité de l'ancien conseil, épurée de quelques nullités, rentrait dans le nouveau, avec l'adjonction de plusieurs capacités dont le président de la Chambre paraissait faire grand cas.

— Allons, disait M. Gambetta, Paris n'a nulle envie de refaire la Commune. Le préfet de police peut dormir tranquille.

— Vous êtes silencieux, me dit M. Hébrard. Vous n'avez pas l'air content.

Je fis timidement observer que les conseillers municipaux qui avaient voté le projet d'autonomie communale avaient presque tous été réélus, qu'ils se trouvaient renforcés de plusieurs nouveaux adhérents, et que les conseillers opportunistes, dans la plupart des quartiers, avaient accepté des programmes et pris des engagements qui ne pouvaient me faire prévoir des jours heureux ni des rapports faciles.

M. Gambetta répondit qu'il ne fallait pas juger les élus sur les engagements électoraux; que si quelques-uns des membres de l'ancienne majorité semblaient avoir accentué leurs programmes, d'autre part plusieurs autonomistes avaient fait des réserves sur des points importants, et que le résultat général des élections n'était pas de nature à les encourager à suivre jusqu'au bout la fraction la plus pure de leur groupe.

— Quelle attitude avez-vous à prendre? me dit le président de la Chambre. Quelle ligne de conduite allez-vous adopter pour résister aux attaques du groupe que dirige M. Sigismond Lacroix? Votre tâche sera facile; vous n'aurez qu'à vous appuyer sur le groupe opposé.

M. Gambetta se trompait. Il n'y avait pas dans le nouveau conseil une majorité disposée à soutenir un préfet de police ayant le sentiment de ses devoirs envers l'État et de son indépendance envers la Commune.

On en put juger bientôt lorsqu'il s'agit de nommer le président du conseil municipal. Ce fut M. Sigismond Lacroix, le leader du groupe autonomiste, qui fut élu.

Les conflits ne tardèrent pas à prendre un caractère d'acuité dont, seul, mon successeur peut se faire une juste idée.

LXIX

L'affaire Eyben.

Dans les premiers jours d'avril, l'arrestation de Mme Eyben appela de nouveau l'attention sur la police des mœurs et suscita pour le préfet les plus graves difficultés.

Donnons d'abord la parole à cette dame.

Voici la lettre qu'elle adressa à un journal du matin :

Au rédacteur du *Mot d'Ordre* :

Monsieur le rédacteur,

Permettez-moi de venir vous faire le récit exact de tout ce qui s'est passé lors de l'arrestation tout arbitraire dont j'ai été la victime.

Depuis cinq mois mes deux petites filles suivent un cours rue de Valois, et comme leur institutrice ne peut pas les garder près d'elle passé quatre heures et demie, il fut convenu entre elle et moi que j'irais les prendre tous les jours passage des Panoramas.

Je me rendais donc mardi dernier audit passage pour y joindre mes enfants, et comme j'étais un peu en retard, je marchais très vite, quand tout à coup trois hommes se sont jetés sur moi de la façon la plus brutale en disant : « Arrêtons cette belle enfant : allez, suivez-nous au poste. » Je crus avoir à faire à de mauvais plaisants, et je les priai de me laisser. Malgré ma résistance, ils m'emmenèrent au poste de la rue Villedo. Je leur dis de me laisser au moins entrer dans le passage pour voir mes enfants ; qu'ils auraient ainsi la preuve que j'étais là pour remplir mes devoirs de mère de famille ; j'appelai même mes pauvres petites à mon secours ; rien n'y fit, et force me fut de les suivre.

Je restai donc rue Villedo jusqu'à huit heures et demie ; de là, je fus transférée au poste de la rue Richelieu, où je fus interrogée par un secrétaire et non par un commissaire ; puis, à un autre poste de la même rue, où la voiture cellulaire vint me prendre pour me déposer à la préfecture, où je restai enfermée jusqu'à vendredi. Je n'essayerai pas de vous dépeindre, monsieur le rédacteur, toutes les humiliations que j'ai dû subir, toutes mes tortures, en songeant à mes pauvres enfants, dont je n'eus aucune nouvelle jusqu'au jeudi soir.

Je laisse cela à l'appréciation des mères de famille qui liront cette lettre et qui pourraient se trouver dans mon cas. Il est vrai que j'ai une sœur qui habite avec moi, mais la malheureuse est atteinte d'une maladie de cœur et la moindre émotion la jette dans des crises qui l'empêchent de se traîner; je me représentais son inquiétude en ne me voyant pas rentrer. C'était donc pour moi une douleur de plus ajoutée à toutes les autres.

Qu'ai-je fait, monsieur, pour mériter tout cela? Je puis affirmer devant tous que je suis bonne mère; je vis seule avec ma sœur et mes deux enfants de la façon la plus discrète, et je ne crains nulle investigation dans ma vie privée.

Je viens donc, monsieur, par la voie de votre estimable journal, protester contre les procédés plus qu'inhumains dont je suis la victime, puisque c'est comme femme la seule arme dont je puisse user. J'espère que vous voudrez bien faire bon accueil à mes justes plaintes, et, pour terminer ce triste récit, qu'il me soit permis d'adresser un mot de reconnaissance au juge qui s'est chargé de l'instruction de cette triste affaire. C'est à lui que je dois d'être rendue à ma famille.

A. Eyben,
81, rue Rochechouart.

Qu'y avait-il de vrai dans ce récit?

LXX

Loyales explications entre M. Joseph Fabre et l'auteur des « Souvenirs » [1].

Je reçois de M. Joseph Fabre, député de Rodez, la lettre suivante :

> Paris, le mercredi 25 mars 1885.
>
> Monsieur le directeur,
>
> Étant mis en cause ce matin dans votre journal, je vous prie de vouloir bien insérer ces deux mots :
>
> J'ai été trois fois mêlé aux luttes électorales, sans jamais avoir eu à me reprocher la moindre abdication de mon indépendance — d'ailleurs assez justifiée par mes votes.
>
> Dans une de ces luttes, en 1881, j'ai accepté un concours, où les fonds secrets n'étaient pour rien, qui m'avait été personnellement offert par M. Gambetta, alors président de la Chambre, et qui, au surplus, était plus modeste que ne l'indique M. Andrieux.
>
> Veuillez agréer, monsieur le directeur, l'expression de ma considération la plus distinguée.
>
> JOSEPH FABRE.

---

[1]. La nécessité de répondre au député de Rodez m'oblige à ajourner la suite du chapitre consacré à l'affaire Eyben.

J'ai dit déjà que je n'ai aucune intention désobligeante pour mon honorable collègue de l'Aveyron. Je le tiens pour un galant homme, et je n'admets pas que sa parole puisse être mise en doute un instant quand il affirme qu'en recevant un certain concours d'argent pour ses frais d'élection en 1881 il n'a cru accepter que l'offre personnelle de M. Gambetta.

Je pense que cette déclaration est suffisante pour dégager la personne de M. Joseph Fabre.

Mais, à côté de l'honnête homme dont je connais l'intégrité et l'indépendance, il y a des faits dont il ne saurait être responsable, puisqu'il les a mal connus; il y a la candidature officielle, dont il a été la première victime, puisqu'elle s'est produite malgré lui et à son préjudice moral bien plus qu'à son profit; il y a un système enfin sur lequel il importe qu'on s'explique au moment où les plus graves intérêts de ce pays vont être de nouveau engagés dans la bataille électorale.

Les faits, les voici :

Lorsque M. Joseph Fabre arriva dans son arrondissement au début de la période électorale, M. André de Trémontels reçut du ministère de l'intérieur une lettre chargée, contenant deux billets de mille francs, et il les remit à M. Joseph Fabre.

Plus tard, M. André de Trémontels reçut sur sa demande, toujours du ministère de l'intérieur, une seconde lettre chargée, contenant de douze à quinze cents francs, pour faire face à des frais d'élection qui n'avaient pas été soldés.

Une partie de cette somme fut employée à payer des livres qui avaient été distribués par le préfet aux enfants des écoles, dans la circonscription de M. Joseph Fabre, à l'approche de la période électorale.

Ce qui restait fut envoyé par lettre chargée à M. Joseph Fabre après son retour à Paris.

Je m'explique ainsi comment mon honorable collègue peut contester que la somme par lui reçue se soit élevée à plus de trois mille francs. Je reconnais qu'il y a lieu de déduire le coût des livres distribués, dans l'intérêt de l'élection, aux élèves des écoles.

L'honorable M. Joseph Fabre croit avoir reçu un don personnel de M. Gambetta. Sa conviction résulte de cette circonstance que c'est le président de la Chambre qui lui a offert son aide, et que c'est au président de la Chambre qu'il a adressé ses remerciements.

Ce dont M. Joseph Fabre ne s'est pas rendu compte, c'est qu'au mois d'octobre 1881 M. Gambetta s'identifiait avec l'État et que les ministres n'étaient plus que les intendants du Palais-Bourbon.

Dans cette discussion, où nous apportons l'un et l'autre une égale bonne foi, mon loyal contradicteur ne contestera pas avoir reçu, en deux fois, du préfet de l'Aveyron, la somme qu'il a employée à payer une partie de ses dépenses d'élection.

Quant au préfet lui-même, si les fonds lui sont venus d'une source différente de celle que j'indique, c'est son devoir de le déclarer, c'est aussi son intérêt. Mais il se taira, ou s'il intervient, ce sera pour confirmer mon récit par son témoignage [1].

Je ne parle pas de l'ancien ministre, n'ayant pas la naïveté de croire qu'il veuille initier le public à l'emploi de ses fonds secrets.

Le lecteur se demandera comment il se fait qu'un don personnel de M. Gambetta, au lieu d'aller directement du Palais-Bourbon à l'inté-

---

1. J'ai reçu depuis la lettre suivante :

« Monsieur le député,

« Je me rappelle parfaitement avoir remis à deux reprises à M. Joseph Fabre des fonds qui m'avaient été adressés par le ministre de l'intérieur.

« Veuillez agréer, etc.

« André DE TRÉMONTELS. »

ressé, ait passé par la place Beauvau, puis par l'hôtel préfectoral de Rodez?

La solution de cette question importe peu à mon honorable collègue, dont l'incontestable bonne foi sauvegarde suffisamment la dignité.

Mais ce n'est pas du député de Rodez qu'il s'agit ici, c'est de la politique électorale adoptée par le parti dont M. Gambetta fut le chef et qui, sous une autre direction, a conservé le pouvoir.

Nous ne sommes pas en face d'un fait isolé, et un journaliste distingué, qui a qualité pour parler ainsi, M. Henri Fouquier, s'exprimait, hier matin, en ces termes dans le *XIXe Siècle* : « M. Fabre a accepté... une aide expliquée par les liens politiques et que *Gambetta a donnée à bien d'autres.* »

Combien de scrupules n'ont-ils pas laissés à tous les buissons du chemin parcouru, ces mêmes hommes dont la pudeur, après le 16 Mai, se montrait si chatouilleuse pour tout ce qui touchait à la liberté des électeurs et à la sincérité du scrutin! Huit années se sont écoulées; nous avons toujours la candidature officielle, et nous avons l'hypocrisie en plus.

Je sais bien que ma sincérité n'est pas faite pour plaire, et je ne suis pas surpris que le chœur des opportunistes me poursuive d'un chant irrité. Mais je m'étonne que M. Henri Fouquier, l'homme d'esprit que j'ai connu, ramasse contre moi l'argument ébréché du secret professionnel.

Comment, c'est à propos de M. Fabre que M. Fouquier me rappelle au devoir de discrétion! Les faits que je raconte ne m'ont point été connus dans l'exercice de ma fonction, et je n'étais plus préfet de police quand ils se sont accomplis.

Lorsque les premières colères seront un peu calmées, et qu'on me fera l'honneur de relire avec plus de sang-froid les pages consacrées à mes *Souvenirs*, on y cherchera vainement un seul secret dont j'aie eu la garde, et l'on reconnaîtra qu'en supprimant le titre sous les auspices duquel se présentent mes feuilletons, on supprime en même temps tout prétexte aux récriminations d'une critique qui retrouvera, je l'espère, avec le temps, le calme et l'impartialité.

LXXI

L'affaire Eyben.

Le lecteur me fait l'honneur de ne pas supposer que je vais mettre sous ses yeux les rapports et les renseignements de police relatifs à l'arrestation de Mme Eyben.

La nécessité de défendre et de couvrir mes agents, injustement attaqués, m'obligea, lorsque la question fut portée devant la Chambre, à me servir des documents que j'avais recueillis.

Mais je ne suis plus en état de légitime défense, et aucune considération ne saurait m'amener à rouvrir un dossier qui, désormais, doit rester fermé.

Je ferai seulement remarquer combien était mal choisi le lieu où Mme Eyben avait coutume d'attendre ses enfants.

Depuis longtemps le passage des Panoramas était signalé à l'attention de la police des mœurs ; de nombreuses arrestations y avaient eu lieu, surtout dans le voisinage de la rue des Panoramas, où se trouvait un hôtel dont la réputation était fâcheuse.

On s'explique mal pourquoi Mme Eyben, à laquelle, à cette date, on ne connaissait pas d'occupations, n'allait pas chercher ses enfants jusqu'à la rue de Valois.

La lettre adressée au journal le *Mot d'Ordre* avait été rédigée par un journaliste qui s'était fait, pour l'écrire, des entrailles vraiment maternelles.

Dans un numéro suivant du même journal, c'était de sa propre prose que M. E. Lepelletier parlait en ces termes :

« La lettre si digne, si réservée, écrite par cette pauvre femme, encore toute palpitante d'une légitime émotion, n'a pas fait toute la lumière sur cette affaire, qui doit être capitale, non pas pour l'aga de la préfecture, mais pour cette odieuse et épouvantable association de gens plus ou moins avouables qui s'appelle la brigade des mœurs. »

Et M. Lepelletier ajoutait :

« Non ! Mme Eyben n'a pas tout dit. C'est une brave et honnête mère de famille, veuve d'un citoyen qui a organisé la libre-pensée à Anvers, et qui nous était recommandée par d'honorables citoyens, un vénérable de loge, entre autres, au nom de la solidarité maçonnique. »

Être veuve d'un Lepelletier belge, d'un citoyen qui a « organisé la libre-pensée à Anvers », et ne pas s'en vanter, c'était évidemment, aux yeux du rédacteur du *Mot d'Ordre*, le comble de la modestie.

Pour exploiter l'arrestation de Mme Eyben, une sorte de syndicat se forma aussitôt, où la « solidarité maçonnique » ne joua d'ailleurs qu'un rôle secondaire.

On présenta l'héroïne du passage des Panoramas aux personnalités les plus importantes de la Société « pour l'abolition de la prostitution réglementée. » Elle assista à plusieurs réunions de cette association et y fut l'objet de véritables ovations.

Enfin, on imagina de lui faire adresser au président de la Chambre des députés une demande en autorisation de poursuites contre le député-préfet de police.

J'eus la curiosité de pénétrer, par un de mes agents, dans l'intérieur de Mme Eyben, et je la fis interviewer par un journaliste discrètement attaché à mon administration.

Elle demeurait alors rue Condorcet, et elle occupait, au sixième étage, un petit logement au fond d'un couloir.

Mon journaliste se présenta comme un *reporter* de journaux radicaux, et il résuma pour moi en ces termes l'entretien à l'honneur duquel il fut admis :

LE JOURNALISTE. — Vous êtes artiste dramatique, madame?

ELLE. — Oui, monsieur; mais je n'ai pas encore d'engagement. Je cherche.

LE JOURNALISTE. — Que ne vous adressez-vous

au directeur des Fantaisies? Il vous engagerait au cachet.

Elle. — Je dois le voir aujourd'hui.

Le journaliste. — Vous jouez...

Elle. — Les premiers rôles dans le drame et la comédie.

Le journaliste. — Diable! Je doute que M. Cruet adopte ce genre; mais essayez toujours. D'ailleurs, avec votre nom, autour duquel on fait tant de bruit...

Elle. — Plus que je ne l'ai voulu. Ah! si M. Andrieux y avait consenti, il n'avait qu'à me dédommager et à révoquer son agent, tout se serait arrangé; il eût ainsi fermé la bouche à ceux qui crient contre lui.

Le journaliste. — Alors, c'est un peu une question d'argent?

Elle (d'un ton indigné). — Pour moi, monsieur, certes non! Si j'avais été seule, libre, je me serais vengée moi-même, j'aurais brûlé la cervelle à qui me déshonorait; mais j'ai des enfants, qui n'ont plus de père, je dois assurer leur sort.

Le journaliste. — Vous êtes sans fortune, madame?

Elle. — Je vis de mon travail. En portant atteinte à ma considération, on a nui à mon avenir théâtral et à ma position future. Il n'est que juste qu'on me paye ce qu'on m'a fait perdre. N'êtes-vous pas de cet avis?

Le journaliste. — Certainement, madame. D'ailleurs M. Delattre vous y aidera. Vous le connaissez; c'est lui qui a rédigé votre demande de poursuites?

Elle. — Il l'a rédigée sous ma dictée; mais il m'était inconnu auparavant. C'est M. Mayer qui me l'a indiqué.

Le journaliste. — Quel Mayer?

Elle. — Le rédacteur de la *Lanterne*. Lui, M. Rochefort, M. Secondigné, M. Crié, du *Petit Parisien*, M. Lepelletier, du *Mot d'Ordre*, se sont mis à ma disposition.

Le journaliste. — Vous avez bien fait d'en user.

Elle. — J'eusse préféré un arrangement à l'amiable, une réparation moins bruyante; mais c'était impossible, et pensez, monsieur, que je ne sais pas encore si j'arriverai à quelque chose! C'est bien triste. Mais dans quel journal comptez-vous publier un article sur mon intérieur?

Le journaliste (désignant un journal au hasard). — Au *Petit Parisien*, s'il n'y a pas abondance de matières.

Elle. — J'irai de six à sept heures ce soir. Vous y verrai-je?

Le journaliste. — Certainement. Mais vous fréquentez donc les bureaux de journaux? Faites-vous aussi du reportage?

Elle. — Non! vous voulez rire. Mais je dois des remerciements au *Petit Parisien*. Je veux lui en faire, comme j'en ai fait à l'*Intransigeant*, à la *Vérité*, à la *Lanterne*, à l'*Électeur*, à tous vos amis qui ont épousé ma cause.

« L'entretien, ajoutait le journaliste dans son rapport, eut ensuite pour objet les questions de théâtre. Nous nous quittâmes au bout d'une heure, après qu'elle m'eut prié de la présenter à Louise Michel et de parler au régisseur des Fantaisies. Je m'y suis engagé et je la reverrai. La semaine prochaine nous dînons avec Louise Michel, avec Mme Cadole et divers autres révolutionnaires. Nous ferons inviter Mme Eyben. »

Est-ce en sortant de ce dîner que Louise Michel écrivit dans la *Révolution sociale* :

Puisque les honnêtes femmes ne peuvent plus sortir sans risquer d'être conduites au Dépôt, je leur conseille de mettre un revolver dans leur poche, et de se défendre contre les agents qui commettent cette indigne violation du droit.

Quelle belle *Internationale* que celle des tyrans!

Heureusement que celle des peuples mettra peut-être un terme à la désinvolture du crime!

La demande en autorisation de poursuites fut l'objet d'un rapport favorable.

J'intervins dans la discussion devant la Chambre, et j'appuyai les conclusions du rapport. Je demandai moi-même que le débat fût porté devant les tribunaux.

La majorité refusa son autorisation.

Cette décision, il est vrai, avait peu d'importance, car la législature touchait à sa fin, et quelques semaines plus tard, rendu au droit commun, les victimes de ma tyrannie pouvaient m'assigner en justice sans que je fusse protégé par aucune immunité parlementaire.

Mme Eyben ne crut pas devoir profiter des facilités que lui donnait l'expiration de mon mandat législatif. Ses amis avaient fait grand bruit des injustes obstacles qui s'élevaient contre le droit de la femme opprimée; mais quand les obstacles se furent abaissés et que la route fut aplanie, personne n'y voulut passer.

Ce facile abandon après ces revendications retentissantes, cette prudente retraite quand fut venue l'heure de l'attaque, disaient assez le vrai caractère de la campagne entreprise contre le préfet de police.

Une année s'écoula, et j'attendis en vain l'huissier de Mme Eyben. Ce fut Mlle Marie Colombier qui le remplaça. La gracieuse artiste, dont le talent seul m'était connu, avait succédé à M. E. Lepelletier dans la protection de Mme Eyben; elle patronnait un concert donné au profit de cette dame. Elle trouva original de m'envoyer un certain nombre de billets, et de m'écrire un bout de lettre, encore plus spirituel que parfumé, pour me mettre en demeure d'envoyer mon offrande à sa protégée.

Il ne me restait plus qu'à m'exécuter, et je m'efforçai de le faire de bonne grâce.

Quelques mois plus tard, Mme Eyben vint elle-même m'en remercier. Avec l'expression de sa gratitude, elle m'apportait encore quelques billets pour un nouveau concert qu'elle allait donner.

J'appris de sa bouche que le conseil municipal de la ville de Paris avait réparé, dans une certaine mesure, les torts du préfet de police, en accordant une bourse à l'une de Mlles Eyben. Je n'ai jamais tant regretté de ne pas disposer des bureaux de tabac.

Puisse du moins la caution de Mlle Marie

Colombier écarter désormais de Mme Eyben les malveillantes suppositions !

LXXII

La « Sainte-Ligue ».

Le 13 mars 1881, après vingt-six ans de règne, l'empereur Alexandre II mourut, assassiné par les nihilistes.

Cinq fois déjà il avait échappé à de criminelles tentatives ; la haine du parti réformateur ne se lassait pas.

Plusieurs de ses prédécesseurs avaient péri par une mort violente ; mais ils étaient tombés victimes des intrigues de cour et des révolutions de palais.

Pour la première fois, la Révolution avait frappé le czar. Ni les intentions libérales dont il était animé, ni la générosité de son caractère, ni les réformes mêmes qui avaient signalé son règne n'avaient désarmé ses ennemis. Il portait le poids des fautes de ses ancêtres, et subissait les conséquences des abus qu'il n'avait pu détruire.

Sa mort excita dans toute l'Europe une vive sympathie. A Paris, les Chambres levèrent leur séance en signe de deuil.

Quatre années se sont écoulées depuis qu'Alexandre II est tombé sous les coups de ses assassins, et depuis lors, malgré les menaces qui accueillirent l'avènement du nouveau czar, les nihilistes n'ont choisi, pour victimes de leurs rancunes, que de hauts fonctionnaires trop gênants ou des agents subalternes trop zélés.

L'honneur, sinon d'un réel apaisement, du moins d'une sécurité relative, revient, pour partie, à M. de Plévé, qui s'est acquitté, pendant plus de trois ans, de la tâche difficile et périlleuse de directeur de la police, avec autant de tact que d'énergie.

La Russie, qui commençait à désespérer de la police, était loin d'attendre de ce jeune Polonais tous les services qu'il a rendus à la cause de l'ordre, et la surprise qu'en éprouva la société russe explique peut-être les concours imprévus qui voulurent seconder son action.

Cette phase de la lutte entre les nihilistes et une partie de l'aristocratie est restée secrète pour le public; mais la mort récente du prince Demidoff, qui y joua le principal rôle, appelle naturellement l'attention sur une sorte de police volontaire et internationale à la tête de laquelle il s'était placé.

En 1881, quelques mois après la mort tragique d'Alexandre II, quelques personnalités, parmi les plus riches de la noblesse russe, sollicitèrent de son successeur l'autorisation d'organiser, à leurs frais, une agence libre de police secrète, qui devait, concurremment avec la police officielle, découvrir les complots nihilistes et en livrer les auteurs aux gendarmes d'Alexandre III.

La « Sainte-Ligue », tel fut le nom de cette succursale volontaire de la troisième section.

Dès que le prince Demidoff San-Donato et ses associés eurent obtenu du czar l'autorisation de concourir à sa sûreté, ils envoyèrent des agents sûrs, munis de recommandations autorisées, auprès des polices étrangères pour s'assurer leur bienveillant appui.

A vrai dire, sur plusieurs points, les émissaires de la Sainte-Ligue se heurtèrent à un refus catégorique. Mais, rebutés par les uns, ils furent plus heureux auprès de quelques autres.

A Paris, ils réussirent à mettre la main sur un ancien fonctionnaire de la préfecture de police rendu aux loisirs de la vie privée depuis la chute de l'Empire et que l'appât d'un traitement élevé détermina à prêter son concours pour l'organisation d'une surveillance occulte.

Dès que les délégués envoyés par les organisateurs de la Sainte-Ligue se furent assurés que Paris, Londres, Genève, ainsi que les principales villes habitées par les réfugiés russes, étaient en de bonnes mains, ils retournèrent à Saint-Pétersbourg et y levèrent une véritable légion d'agents, dont les appointements furent proportionnés, non aux aptitudes, mais au rang social occupé par chacun.

C'est ainsi que des descendants des plus nobles familles, auxquels des parents économes mesuraient les subsides d'une main parcimonieuse, mirent autant de zèle à puiser dans la caisse de l'association qu'à servir les plans du prince Demidoff.

Les uns furent envoyés à l'étranger pour faciliter la tâche des agents français, anglais, suisses ou belges qui, ne comprenant pas le russe, étaient fort empêchés pour se mêler aux nihilistes et surprendre leurs projets. Les autres furent répartis entre Saint-Pétersbourg, Moscou, Kieff, Odessa et les principales villes de l'empire.

Pendant les premiers mois, l'entreprise parut devoir donner les meilleurs résultats, et donna en attendant les plus complètes illusions. De toutes les grandes villes de Russie et des pays étrangers, les rapports arrivaient, intéressants et nombreux, au prince Demidoff, qui les transmettait, triomphant, au directeur de la police de l'État.

Ce haut fonctionnaire, au début, en éprouva une réelle humiliation pour ses propres agents, car l'administration de la Sainte-Ligue le mettait sur la trace de complots dont, jusque-là, il n'avait pas soupçonné l'existence. Il fit procéder à un certain nombre d'arrestations, sans avoir toujours fait précéder d'une vérification attentive les mesures qu'il prenait à la suite des avis du prince Demidoff ou de ses amis; il regrettait d'ailleurs de trouver peu d'empressement en matière d'extradition de la part des gouvernements étrangers.

De son côté, le prince et ses associés, prenant au sérieux toutes les révélations qui leur venaient de Baden-Baden, où se trouvait le chef de leur police, et désappointés de ne pouvoir mettre la main sur les conspirateurs qui avaient passé la frontière, examinèrent sérieusement la question de savoir s'il ne conviendrait pas de s'en débarrasser par des moyens efficaces.

Les journaux nihilistes publiés à Londres et à Genève affirmèrent, à cette époque, que la

Sainte-Ligue avait recruté des sicaires destinés à assassiner les révolutionnaires russes les plus connus et les plus redoutés. Les mêmes journaux allèrent jusqu'à dire que les amis les plus dévoués des nihilistes, quelle que fût leur nationalité, étaient voués à la même hécatombe, et parmi ceux-ci ils nommaient M. Henri Rochefort.

Les renseignements de la presse nihiliste m'ont paru sujets à caution ; je me suis demandé s'ils étaient dictés par une autre préoccupation que celle d'excuser les attentats du parti révolutionnaire, en imputant à ses ennemis le projet d'en commettre de semblables.

La police officielle finit par vérifier de plus près les rapports qui lui étaient transmis ; elle reconnut que le plus souvent les agents de la Sainte-Ligue lui avaient dénoncé des personnes inoffensives, étrangères à la politique et contre lesquelles elle n'arrivait à établir aucune charge sérieuse.

Enfin, et ce fut peut-être ce qui porta le dernier coup à la société organisée par le prince Demidoff, plusieurs familles, parmi les plus anciennes et les plus aristocratiques, se plaignirent de l'embauchage dont leurs enfants étaient l'objet. Leurs plaintes s'élevèrent jusqu'à l'empereur, qui, sur l'avis du chef de la police de l'État, ordonna le licenciement de la Sainte-Ligue.

Les intentions du prince Demidoff San-Donato étaient sans doute patriotiques ; nous trouverions peut-être difficilement chez nous, parmi nos millionnaires les plus dévoués au maintien de nos institutions, un bailleur de fonds généreux, prodiguant ses richesses pour venir en aide à l'insuffisance de nos fonds secrets et pour veiller à la sécurité des représentants de l'État.

Mais, en matière de police comme en matière militaire, il faut généralement peu compter sur les milices indépendantes de la direction officielle.

M. de Plévé, avec ses agents réguliers, rendit à la cause de l'ordre et à la sûreté de l'État de plus réels services que la Sainte-Ligue, malgré tout le zèle et toutes les prodigalités du prince Demidoff et de ses amis.

Aussi n'est-ce pas sans surprise que nous avons appris que cet éminent fonctionnaire, désormais écarté du poste qu'il avait si utilement occupé, venait d'être appelé à seconder, dans des fonctions moins difficiles et moins périlleuses, le ministre de la justice.

LXXIII

Le grand-duc Constantin et les nihilistes.

Parmi les fables qui, de 1879 à 1881, ont trouvé créance auprès du public, celles qui ont trait au grand-duc Constantin, frère d'Alexandre II, méritent une mention spéciale.

A cette époque, la plus troublée du mouvement nihiliste, l'audace toujours croissante des révolutionnaires russes donna lieu à la supposition qu'ils pouvaient être encouragés et soutenus moralement et matériellement par quelque personnage très haut placé, que sa position même mettait à l'abri des recherches de la police.

Certains actes inexpliqués du grand-duc Constantin, sa réputation de libéral, la jalousie qu'il nourrissait, disait-on, à l'égard de son frère, telles sont les données sur lesquelles se sont appuyés ceux qui l'ont représenté comme le chef secret des nihilistes.

Le 2/14 avril 1879, vers 10 heures du matin, Solowieff tira sur le czar plusieurs coups de revolver. L'attentat fut vite connu de toute la ville et les membres de la famille impériale en furent immédiatement informés. Tandis que tous les autres grands-ducs se rendaient en toute hâte au Palais d'hiver, le grand-duc Constantin n'y arrivait que vers trois heures de l'après-midi. Dès le lendemain les commentaires les plus irrespectueux se répandirent à Pétersbourg. On faisait remarquer qu'un autre frère du czar, le grand-duc Michel, était accouru, *nu-tête*, au Palais d'hiver, tandis que le grand-duc Constantin, qui habite à quelques pas du palais impérial, était resté cinq heures avant de s'y présenter. De là à dire qu'il était le complice de Salowieff il n'y avait pas loin, et des personnages très graves, très haut placés, n'hésitèrent pas à répandre ce bruit. On ne se demanda pas si ce prince se trouvait chez lui quand y fut apportée la nouvelle, et, à partir de ce jour, on crut avoir l'explication de la puissance des nihilistes.

Les correspondants des journaux étrangers se firent l'écho de ces accusations, qui acquirent encore plus de consistance après avoir passé la frontière.

Pendant ce temps, le grand-duc conservait toutes ses fonctions, sans en exclure celle de grand amiral, c'est-à-dire de chef de la marine russe. Cette circonstance a son importance pour l'explication de ce qui se passa le jour de l'explosion du Palais d'hiver, au mois de février 1880. On sait que ce jour-là il y avait dîner chez l'empereur à l'occasion de l'arrivée à Pétersbourg du prince de Bulgarie; on sait aussi par suite de quelle circonstance, tout accidentelle, toute la famille impériale et son hôte échappèrent à une mort certaine.

Or, pendant que tous ses frères et neveux se rendaient chez l'empereur, le grand-duc Constantin prenait la route de Cronstadt pour passer la revue de la flotte prise dans les glaces. Pour le coup, les plus incrédules se sentirent ébranlés : le grand amiral, disait-on, connaissait le complot et il s'était éloigné pour échapper au sort qui attendait tous les membres de sa famille.

Pour la première fois peut-être Alexandre II apprit alors, tant par les rapports du chef des gendarmes, que par les confidences de son entourage, les graves accusations qu'on avait formulées contre son frère. Il y répondit, quelques jours plus tard, le 19 février, à l'occasion de son avènement au trône, en adressant au grand-duc Constantin une lettre autographe pour lui témoigner sa reconnaissance au sujet des services qu'il avait rendus au pays et à la marine. En même temps, il le nommait président du conseil de l'empire.

Cette lettre et la nomination parurent en tête du *Messager du gouvernement* et provoquèrent le plus grand étonnement. Néanmoins, ceux qui avaient leur opinion faite sur la culpabilité du grand-duc ne désarmèrent pas, et leurs propos continuèrent à propager la légende qui s'était accréditée.

Nous arrivons au drame du 13 mars 1881 et, à l'occasion de ce douloureux événement, ceux qui depuis deux ans accusaient l'hôte du Palais de marbre crurent avoir la preuve de leur perspicacité.

On sait que, depuis un mois, Alexandre II, avait dû, sur les recommandations expresses du comte Loris-Mélikoff, qui avait eu connaissance de l'existence d'un complot, renoncer à assister à « la parade » qui se donnait tous les dimanches au manège Michel. Il avait chargé l'un des fils du grand-duc Constantin de le remplacer. Or le 13 mars, une heure environ avant le commencement de la « parade », le grand-duc Constantin vint dire au czar que son fils malade était dans l'impossibilité de présider ce jour-là aux exercices des officiers de la garde. Alexandre II, dont l'intrépidité était bien connue, prit aussitôt le parti de se rendre au manège. On sait le reste :

Les détracteurs du grand-duc, perdant de plus

en plus leur sang-froid, ne manquèrent pas de dire qu'il y avait eu de sa part un guet-apens. Dès le lendemain, ils firent courir le bruit de l'arrestation du père et fils et cette fausse nouvelle se répandit bientôt dans le monde entier.

Il est vrai qu'un des premiers soins d'Alexandre III fut de remplacer son oncle dans les fonctions de grand amiral et de président du conseil de l'Empire; mais est-il besoin de faire remarquer que cette grave mesure avait des motifs purement politiques? n'est-il pas évident que s'il avait voulu frapper un complice des régicides, la justice de l'empereur eût été plus exemplaire?

A propos de l'arrestation d'un des fils du grand-duc Constantin, on a fait, depuis quelques années, une confusion regrettable. Tous ceux qui ont lu le « Roman d'une Américaine » de Fanny Lear savent en effet, que c'est Nicolas, l'aîné des fils du grand-duc, qui en est le héros malheureux et que son arrestation qui dure toujours, est antérieure à l'attentat de Salowieff. C'est le seul neveu d'Alexandre II qui ait été arrêté et je n'apprendrai rien aux lecteurs en leur disant que c'est pour des motifs tout à fait étrangers aux exploits révolutionnaires.

On a aussi fait remarquer que les journaux révolutionnaires russes ont toujours gardé le silence sur le grand-duc Constantin; mais c'est bien à tort qu'on a relevé cette circonstance, car son frère le grand-duc Michel, qu'on ne soupçonnera certes pas d'être nihiliste, a, lui aussi, toujours été ménagé par les organes du « comité exécutif »

LXXIV

La République parlementaire.

Tout entiers aux événements du Tonkin et aux patriotiques angoisses que faisaient naître les dépêches de nos généraux, les lecteurs de la *Ligue* ont bien voulu accorder un crédit de quelques jours à l'auteur des *Souvenirs*.

Les circonstances au milieu desquelles je reprends cette publication [1], la crise ministérielle toujours ouverte depuis huit jours, les fautes qui l'ont amenée, celles qui la prolongent, les obstacles rencontrés par les hommes d'État pour former un cabinet, les honteuses intrigues qui troublent le Parlement et s'opposent à la constitution d'une majorité, l'absence de gouvernement au moment où se fait plus que jamais sentir la nécessité de l'action gouvernementale,

[1］ 6 avril 1885.

ce sont là autant de considérations qui m'invitent à revenir sur une thèse que je défends depuis longtemps, peut-être avec plus de conviction et de persistance que de succès, quoiqu'elle me paraisse compter de jour en jour plus d'adhérents.

Je crois le moment favorable pour parler des institutions constitutionnelles sous le régime desquelles j'ai exercé mes fonctions de préfet de police.

Dès 1882, j'ai déposé sur le bureau de la Chambre des députés un projet de revision des lois constitutionnelles, tendant à faire prévaloir dans l'organisation des pouvoirs publics le principe de la séparation de ces pouvoirs. Je me prononçais contre le parlementarisme tel qu'il a été constitué par les législateurs de 1875.

Peu après le dépôt de cette proposition, M. Jules Ferry prenait la direction de notre politique. Ses amis saluaient son aurore et, se réunissant dans les salons du Cercle national en un banquet que présidait, je crois, ou que méritait de présider l'honorable M. Truelle, ils portaient au président du nouveau conseil un toast hospitalier, auquel M. Jules Ferry répondit par une allusion réprobatrice visant mon projet de revision ; il résumait ses espérances et les vues de sa politique en buvant « à la République parlementaire. »

Plus d'un banquet, avant celui du Cercle national, avait retenti de toasts portés à diverses Républiques plus ou moins chargées d'épithètes et de reliques : on ne comptait plus les orateurs qui la voulaient libérale, conservatrice, sociale ou radicale, ni ceux qui réservaient leurs hommages pour la « Une et indivisible », ni ceux qui les déposaient aux pieds de la fédérale. M. Jules Ferry est peut-être le premier qui ait bu à la République parlementaire, et nettement affirmé par là son attachement pour le système de la responsabilité ministérielle greffée sur les institutions démocratiques.

Cet homme d'État n'a pourtant pas toujours eu la même conception des institutions qui conviennent à notre pays, et en 1869, à Lausanne, au « Congrès de la paix et de la liberté », il prononçait un discours d'où j'extrais ce passage, qui ne méritait pas l'oubli où il est tombé :

« Si vous accouplez ces deux choses, le régime parlementaire et la centralisation, disait l'orateur, sachez que le régime parlementaire, soit sous une République, soit sous une monarchie, n'a que le choix entre ces deux genres de mort : la putréfaction comme sous Louis-Philippe, ou l'embuscade comme avec Napoléon III. »

M. Jules Ferry, auquel il faut rendre cette

justice qu'il n'est pas l'homme des coups d'État, avait résolument opté pour « la putréfaction », et s'il a ainsi compromis chez nous le crédit, peut-être aussi la durée du régime parlementaire, il s'est du moins assuré la gratitude d'une majorité longtemps fidèle, qui, malgré l'humiliation de sa chute, lui conserve ses sympathies et ses regrets.

Le public confond souvent le régime parlementaire et le régime représentatif; il est porté, par attachement pour le second, à se prononcer contre ceux qui combattent le premier; il importe donc de faire cesser une confusion qui ne profite qu'au parlementarisme.

Le régime représentatif est celui dans lequel les attributions essentielles de la souveraineté, qui appartient en principe à la nation, sont déléguées séparément à un pouvoir exécutif et à un pouvoir législatif. Dans ce système, ceux qui gouvernent comme ceux qui légifèrent représentent directement la nation.

Le régime parlementaire, au contraire, suppose la confusion des pouvoirs, l'abandon par la nation, aux mains d'un Parlement, de la souveraineté tout entière.

Sans doute, dans ce système, on aperçoit, à côté des Chambres qui délibèrent, des ministres et un roi ou un président de la République qui apparaissent comme un pouvoir exécutif, distinct du législatif.

Mais le roi n'est qu'un ornement, il est là pour la décoration de l'édifice ; il n'a pas de responsabilité, parce qu'il n'a pas de pouvoir, ou plutôt il n'a pas de pouvoir, afin de n'avoir pas de responsabilité.

Le roi règne et ne gouverne pas ; et, si l'État est républicain, le président, dont l'utilité, au point de vue décoratif, devient plus contestable, ne règne ni ne gouverne. Il est élu par les Chambres, et, à moins de soutenir que tous les fonctionnaires sont plus ou moins directement les élus du pays, il serait inexact de dire qu'il représente la nation.

Les ministres, de leur côté, ne représentent que le Parlement ; c'est par lui qu'ils sont désignés au choix du roi ou du président ; c'est par ses votes qu'ils sont renversés.

Dans le système parlementaire, les députés ont tous les pouvoirs, mais comme leur nombre s'oppose à ce qu'ils exercent directement le pouvoir exécutif, ils désignent une commission de gouvernement, toujours révocable, qu'on appelle le cabinet.

Cette délégation des attributions gouvernementales et administratives à une commission exécutive ne fait pas obstacle à la confusion des pouvoirs. Les députés ne se bornent pas à légiférer et à voter les impôts, ils interviennent dans la direction politique et administrative du pays, soit qu'ils aient recours aux interpellations et aux ordres du jour pour imposer leurs volontés aux ministres, soit qu'ils exigent, en retour de leurs votes, des nominations de fonctionnaires, des récompenses honorifiques, des chemins de fer, des canaux ou des faveurs administratives.

D'autre part, les ministres participent à la confection des lois, non seulement pour la préparation et pour l'initiative, mais pour la discussion, et ils posent la question de portefeuille ou de cabinet devant les Chambres, de telle façon que le législateur se détermine, dans la solution des problèmes législatifs, moins par des considérations d'ordre juridique que par le désir de maintenir au pouvoir ses amis ou d'en chasser ses adversaires.

Les questions de cabinet sont d'ailleurs les seules qui passionnent le Parlement. La salle des séances est déserte quand on discute les lois d'affaires; mais elle se remplit dès que l'existence du cabinet est en jeu. Tout est bon pour renverser les ministères comme aussi pour les conserver. Les majorités à cet égard seraient mal venues à reprocher aux minorités leurs préoccupations intéressées. Témoin écœuré de leurs compétitions, le public n'en est plus à ignorer que les uns veulent prendre le pouvoir, que les autres veulent le garder, et que les finances, l'armée, la justice, les travaux publics, et jusqu'à la politique extérieure, sont tous les jours sacrifiés aux intrigues et aux convoitises des partis.

Le régime parlementaire n'est pas né sur notre sol ; c'est une fleur d'exil que le roi Louis XVIII avait cueillie en Angleterre.

Pas plus que l'ancienne monarchie la Révolution française n'a connu le parlementarisme, et ce n'est qu'en 1814 que le système de la responsabilité ministérielle, au sens anglais de ces mots, a fait, avec la Charte, son apparition parmi nous.

Depuis lors, une grande école s'est formée qui voit, dans les institutions anglaises, la forme idéale du gouvernement, la seule garantie des libertés publiques et le dernier mot de la sagesse politique. Comme toutes les écoles, celle-ci traite avec dédain quiconque méconnaît sa doctrine.

Je ne voudrais pas encourir les excommunications des docteurs en me prononçant d'une manière absolue contre le parlementarisme, mais je prétends qu'il ne peut vivre et prospérer que dans un État aristocratique.

J'admire bien volontiers le merveilleux équilibre réalisé par les institutions anglaises ; mais je nie la possibilité de le reproduire sur le sol mouvant d'une démocratie.

La Constitution anglaise n'est pas, autre Minerve, sortie tout armée du cerveau d'un législateur ; elle est le produit du temps et de révolutions successives ; elle est la combinaison naturelle et délicate d'éléments difficiles à réunir ; elle ne saurait s'acclimater dans un milieu trop différent de celui où elle a pu naître.

S'il est vrai, comme on l'a dit souvent, que le régime parlementaire soit le gouvernement des partis, il faut, pour qu'un tel gouvernement soit possible, qu'il y ait dans le Parlement une majorité incontestable et assez homogène, assez forte pour défier les coalitions des minorités ; il faut deux partis en présence, des whigs et des tories comme en Angleterre ; des libéraux et des cléricaux comme en Belgique ; et si un troisième ou un quatrième parti réussit à s'assurer une représentation dans les Chambres, il importe qu'il n'ait pas une force numérique suffisante pour trancher à son gré les questions en se portant, suivant les cas, du côté des whigs ou du côté des tories.

Ce système, qui a la prétention d'assurer le gouvernement du pays par la majorité parlementaire, peut, en effet, aboutir, soit à l'impossibilité de gouverner, soit à l'arbitrage souverain d'une infime minorité entre deux partis disposant d'une force numérique à peu près égale. Et ce résultat, qui déjà s'est rencontré dans l'histoire, nous apparaît comme probable dans ce pays, après les élections prochaines.

Il n'est pas, en effet, nécessaire d'être prophète pour prévoir que les fautes d'une politique égoïste autant qu'imprévoyante auront pour conséquence d'aggraver les divisions, déjà profondes, du parti républicain, et de ranimer les espérances des partis irréconciliables. Les vraisemblances portent à croire que les conservateurs, dans la prochaine Assemblée législative, quoique fort éloignés d'avoir la majorité, auront gagné un certain nombre de sièges sur les opportunistes, qui en perdront d'autres encore dans leur lutte contre les radicaux et les indépendants. Nous assisterons au singulier spectacle d'une droite, hostile au principe des institutions, se constituant à l'état de groupe Target entre deux fractions à peu près égales du parti républicain, et apprenant aux théoriciens comment le parlementarisme peut être le gouvernement du pays par les minorités.

Ces résultats des élections se produisent rarement dans les pays de suffrage censitaire, parce que la restriction du droit de vote a pour effet de limiter aux classes riches ou aristocratiques la possibilité de se faire représenter, et cette fraction de la nation, ayant à peu près les mêmes intérêts, naturellement attachée à la forme du gouvernement qui lui assure la prépondérance, se divise en deux partis : des conservateurs qui ne laissent pas d'être des libéraux, et des libéraux qui ne laissent pas d'être des conservateurs. On réalise ainsi, sans trop de difficultés, les vraies conditions du gouvernement parlementaire entre la majorité qui prend le pouvoir et « l'opposition de la reine » qui attend son heure et s'efforce de la rapprocher.

Avec le suffrage universel, toutes les opinions, tous les intérêts, tous les appétits, toutes les rancunes, toutes les couches de la stratification nationale doivent être représentés dans le Parlement. De là l'émiettement des partis et l'impossibilité de constituer une majorité de gouvernement, surtout dans un pays où, indépendamment des divisions résultant de l'opposition des intérêts et des croyances, il faut encore compter avec les souvenirs, les regrets et les espérances qui ont survécu aux révolutions.

Quand il s'agit de former un cabinet, si l'homme d'État chargé de cette mission ne fait appel qu'aux hommes de son « groupe », sa combinaison n'a pas de lendemain. Il doit donc renoncer à faire un cabinet homogène ; il cherchera à lier, par le lien de la responsabilité solidaire, des hommes qui n'ont ni les mêmes programmes ni les mêmes amis.

De là, sans doute, des lenteurs et un laborieux accouchement ; mais on finira toujours par rencontrer assez de patriotisme et de dévouement chez les uns, assez d'ambition ou de vanité chez les autres, pour s'assurer l'adhésion d'une douzaine de ministres et de plusieurs sous-secrétaires d'État.

On prendra dans chaque groupe, non pas toujours les plus dignes ni les plus capables, mais ceux qu'aura désignés le hasard de la composition du bureau. Le député de Bombignac n'a pas beaucoup de prestige et encore moins de talent ; mais il était assidu aux réunions et ne portait ombrage à personne : on l'a nommé président ; il est désigné pour être ministre ; on lui donnera un portefeuille d'affaires, car les portefeuilles politiques sont réservés aux capacités. A la rigueur, on pourra lui confier les sceaux de la République, s'il a été clerc de notaire.

Ces procédés, en usage pour la composition d'un cabinet, n'entraînent généralement d'autres satisfactions que celles des honorables députés ou sénateurs auxquels un portefeuille est échu. Quant aux membres des groupes qui ont été distingués en la personne des nouveaux ministres, ils se demandent, non sans amertume, quels peuvent être les raisons d'une préférence qui prend facilement à leurs yeux les allures d'une iniquité.

Supposons, toutefois, que le président du conseil ait fait le bonheur de la gauche radicale en lui empruntant l'honorable M. Hérisson, et celui de l'Union démocratique en lui prenant l'honorable M. Méline : nous voilà avec des embrassements sur la planche pour la durée d'une lune tout au plus. Le lendemain, il faut gouverner ; on a pu emprunter des hommes à chaque groupe, mais on ne saurait prendre à chaque groupe son programme, quand les programmes sont opposés. Il faudra opter pour une politique, pour celle d'un groupe, c'est-à-dire pour celle d'une minorité. Aussitôt la coalition se reforme contre le cabinet, qui d'ailleurs, par le vice de son origine, ne tarde pas à sentir en lui-même les germes d'une mort prochaine.

Si les cabinets ne sont pas homogènes, ils périsssent parce que l'Écriture a dit : « Toute maison divisée contre elle-même périra: » si, au contraire, ils connaissent le bienfait de l'homogénéité, ils tombent plus rapidement encore, parce qu'ils ont contre eux des minorités relatives qui forment par leur entente une majorité absolue.

Ces observations m'amènent à formuler ainsi ma pensée : Le parlementarisme est incompatible avec le suffrage universel, parce que le suffrage universel, en assurant à tous les partis et à toutes les classes une représentation, s'oppose à la formation d'une majorité de gouvernement.

M. Gambetta, devant qui j'ai plusieurs fois émis cette opinion, croyait avoir trouvé, dans le scrutin de liste, un heureux correctif à l'antinomie sur laquelle j'appelais son attention.

Ne voulant supprimer ni le suffrage universel, qui était la raison d'être de son parti, ni le parlementarisme, que son éloquence transformait en un instrument de domination, cet homme d'État avait rêvé d'assouplir à ses vues le suffrage universel et de se constituer une majorité de gouvernement en excluant du Parlement toutes les minorités.

Les anciens procédés de la candidature officielle étant hors d'usage, le scrutin de liste paraissait devoir se prêter aux combinaisons de M. Gambetta.

Il est certain que plus on étend le collège électoral, plus on a de chances d'exclure les minorités, et si l'on pouvait réaliser le vœu d'Émile de Girardin, qui demandait un collège unique, on aurait sans doute une Chambre qui serait, non la représentation de la nation, mais celle d'un parti.

Le scrutin de liste, à moins qu'un courant d'opposition n'entraîne irrésistiblement la nation, se prête mieux qu'un autre à la candidature officielle, parce qu'il donne d'ordinaire le succès au parti le mieux organisé, et quelle organisation pourrait-on imaginer qui fût supérieure à celle du gouvernement ayant sous sa main les fonctionnaires de tout ordre, les finances et les journaux officieux ou susceptibles de le devenir?

A ces moyens d'action, M. Gambetta ajoutait le prestige que lui donnaient les souvenirs de la Défense nationale et l'éclat de son talent : aussi, dès qu'il prit le pouvoir, s'empressa-t-il de proposer à la Chambre le rétablissement du scrutin de liste. Dans sa pensée, ce mode de votation non seulement devait préparer l'avenir, mais encore était de nature à transformer du jour au lendemain la Chambre déjà élue. Il s'agissait de briser le lien qui unissait les députés à leurs électeurs, de leur faire sentir que désormais les listes dressées par le chef du pouvoir prévaudraient sur les initiatives des comités dissidents, et de s'assurer une majorité docile et durable, en escomptant les espérances de réélection et la servilité naturelle des parlements envers les pouvoirs forts.

Je ne fais pas difficulté de reconnaître que le succès possible du plan conçu par M. Gambetta, en assurant la formation et la durée d'une majorité de gouvernement, eût rendu plus facile le fonctionnement de la République parlementaire. Mais à quoi bon conserver le parlementarisme s'il cesse d'être une garantie pour les libertés publiques? A quoi bon conserver le suffrage universel s'il ne doit être qu'une trompeuse apparence destinée à donner aux volontés d'un homme un faux air de volonté nationale? Et s'il faut prendre une livrée, quel avantage peut-il y avoir à ne pas choisir celle d'une bonne maison?

La tentative de M. Gambetta échoua devant une de ces révoltes de fierté dont sont encore capables les Chambres jeunes. Reprise par d'autres et sans lui, on n'en doit attendre ni les mêmes profits pour le pouvoir ni les mêmes dangers pour la liberté.

Tandis que le chef du parti autoritaire cherchait, dans l'exclusion des minorités, le remède à cette variété d'anémie qu'on appelle le parlementarisme, d'autres esprits, plus respectueux des libertés publiques, mais peut-être moins clairvoyants, cherchaient l'amélioration de nos institutions dans la représentation proportionnelle des minorités. Les divers moyens d'assurer cette représentation ont donné lieu à d'intéressants écrits, à la formation d'une société d'études et même à des propositions dues à l'initiative des députés.

Je ne saurais trop approuver ces propositions, si je les considère au point de vue du système qui a mes préférences. Le régime représentatif, en effet, s'accommode à merveille de la représentation de toutes les minorités; il se prête à ce que toutes les opinions puissent se faire entendre dans l'Assemblée nationale. Celle-ci, en effet, n'ayant plus à constituer ni à faire vivre un ministère issu de son sein, n'a pas besoin d'une majorité de gouvernement.

Mais le régime parlementaire est incompatible avec la représentation proportionnelle des minorités pour les mêmes raisons qui le rendent inconciliable avec le suffrage universel. L'Angleterre l'a bien compris, et sur ce sol où ont pris naissance les plus ingénieux systèmes destinés à assurer aux minorités une équitable représentation, si on a réussi à en faire l'application à des comités administratifs, notamment aux comités des écoles, la Chambre des communes s'est bien gardée de se prêter à de semblables expériences. C'est assez pour elle d'avoir vu surgir, à côté des whigs et des tories, un parti radical et un parti irlandais qui menacent déjà les vieilles institutions. Le jour où elle s'ouvrirait à de nouvelles minorités, elle ne tarderait pas à fournir à ma thèse un décisif argument.

Conséquence inévitable de l'extrême division des partis dans le Parlement, l'instabilité ministérielle frappe de stérilité le régime qui s'y trouve condamné par la nature de ses institutions.

Quelle autorité peut avoir un ministre sur son personnel lorsque chaque jour qui s'écoule peut être la veille de sa chute? Quel respect, quelle obéissance obtiendra-t-il de ses subordonnés, nommés, pour la plupart, par des prédécesseurs dont il fut et dont il reste l'adversaire? N'est-il pas exposé aux pièges et à la trahison de ceux qui attendent leur avancement de la faveur d'un successeur dont l'arrivée est déjà prévue?

Aussi ne saurait-on s'étonner quand on voit, chaque jour, les fonctionnaires apporter aux *leaders* de l'opposition les renseignements et les documents nécessaires pour les interpellations sous lesquelles doit succomber le cabinet. J'ai, pour ma part, sur le bureau où j'écris ces lignes, plusieurs dossiers fournis par les fonctionnaires de M. Jules Ferry et de M. Waldeck-Rousseau, et probablement j'en ferai profiter mes lecteurs, n'ayant plus devant moi à cette heure un cabinet que je veuille interpeller.

Ce ne sont pas seulement des ministres sans autorité que nous réservent les crises trop fréquentes, ce sont des ministres sans expérience des affaires, sans connaissance de leur personnel, ni des questions qu'ils auront à résoudre. Je n'apprendrai rien aux employés d'un important ministère si je rappelle qu'à son arrivée chaque nouveau ministre réclame une note claire et très élémentaire sur les attributions de chaque bureau et sur les questions dont il est saisi; que cette note, toujours à peu près la même, est retrouvée dans les cartons et promptement recopiée; que le ministre la lit durant les courts loisirs que lui laissent les débats des Chambres et les obsessions des députés; qu'il y puise les premières notions indispensables à l'exercice de sa haute fonction, mais que, le plus souvent, il est remplacé avant d'en avoir pu achever la lecture.

Je ne dis certainement pas ces choses pour les honorables membres du cabinet que préside M. Brisson. Je veux croire que les nouveaux ministres sont exempts des infirmités de leurs devanciers.

Mais, si j'en excepte les membres d'un cabinet qui a l'avantage de n'avoir pas encore de passé, il faut bien reconnaître que les titulaires des divers portefeuilles nous ont le plus souvent donné le lamentable spectacle de supérieurs hiérarchiques inférieurs à leurs inférieurs, livrés sans défense à leurs chefs de bureau, dont ils dépendent parce qu'ils ne voient, n'entendent et ne parlent que par les organes de ces fonctionnaires.

C'est surtout dans nos rapports avec les puissances étrangères que l'instabilité des ministres apparaît avec ses lamentables conséquences. Dans cette partie serrée que jouent les diplomates, et dont les plus graves intérêts sont l'enjeu, comment espérer qu'un nouveau venu pourra, avec des chances à peu près égales, s'asseoir au tapis vert, en face du chancelier de l'empire d'Allemagne ou de l'empire de Russie?

Ce n'est pas seulement l'inexpérience et l'ignorance qui font la faiblesse de l'avocat improvisé ministre, c'est plus encore sa vanité bourgeoise de parvenu aux prises avec les flatteries des ambassadeurs, troublée par le sourire d'un prince, ou se pâmant à l'appellation d'Excellence.

A ces causes d'infériorité tirées de l'insuffisance de la personne, viendront s'ajouter celles qu'engendre la nécessité de déposer périodiquement son bilan sur le bureau de la Chambre, de tenir les représentants du peuple au courant des traités secrets, des alliances, des plans de campagne et des dépêches des généraux.

— Ce n'est pas ainsi, messieurs, qu'on fait de la diplomatie, s'écriait M. Jules Ferry, président du conseil, ministre des affaires étrangères.

— Eh! sans doute, Excellence, ce n'est pas ainsi qu'on fait de la diplomatie, mais c'est ainsi qu'on fait du parlementarisme. Portons-nous toujours des toasts à la République parlementaire?

On me dira, sans doute, que pendant plus de deux années M. Jules Ferry a su retenir autour de lui une majorité confiante et discrète, toujours prête à applaudir avant même qu'il eût parlé.

J'en conviens, et je reconnais que l'ancien président du conseil avait fort habilement créé, en rapprochant les tronçons de deux groupes, une apparence de majorité gouvernementale.

Mais au prix de quels abandons cette majorité artificielle avait-elle été obtenue? Le souvenir, j'imagine, n'en est pas encore effacé.

M. Jules Ferry ne fut point un président du conseil au sens parlementaire de ce mot. Il n'avait pas un programme, une politique, des amis dont il fut le chef reconnu et incontesté. Ce n'était pas un parti qui le suivait. Il n'avait derrière lui qu'un syndicat d'intérêts.

C'est en abdiquant aux mains des députés toutes les attributions du pouvoir, c'est en leur livrant les faveurs administratives, c'est en leur donnant des assurances et des gages de réélection, c'est en se soumettant à toutes les exigences et en s'abaissant sous toutes les fourches caudines des hommes dont il était le prisonnier plutôt que le chef, que M. Jules Ferry put réussir à prolonger pendant deux années la durée de sa présidence.

Il eut l'apparence du pouvoir fort; mais, à vrai dire, il n'eut que l'apparence du pouvoir. Il dura deux années; mais, toujours menacé d'une fin prochaine, il prolongeait son existence sans réussir à faire croire à sa durée. Il parut diriger le Parlement, mais il subit les directions les moins avouables. Sa majorité semblait l'accueillir par des manifestations spontanées ; mais, à y regarder de près, les préposés à la direction des applaudissements étaient ses maîtres.

Il réalisa une parole souvent répétée : « Je suis leur chef, il faut bien que je les suive, » et il prouva qu'il n'était pas loin de la vérité quand il prévoyait, au congrès de Lausanne, dans les termes que nous avons rappelés, la fin peu enviable des Républiques parlementaires.

Les observations qui précèdent ne s'appliquent pas seulement à l'État républicain, et je ne pense pas qu'une monarchie puisse beaucoup plus facilement qu'une République faire vivre côte à côte le suffrage universel et le régime de la responsabilité ministérielle.

L'expérience de la Grèce, où les crises se sont multipliées, donne raison à ma thèse ; encore faut-il faire remarquer que, par son étendue plus restreinte, sa moindre importance au point de vue des relations extérieures, les divisions moins profondes des diverses classes sociales, le royaume hellénique échappe à quelques-unes des difficultés que nous avons reconnues.

A mesure que s'étend le droit de suffrage, l'équilibre du régime parlementaire est de plus en plus compromis, comme on peut s'en convaincre en étudiant l'histoire des diverses monarchies constitutionnelles. Cependant la royauté, qui est un des éléments historiques et rationnels du système, facilite cet équilibre, et le droit de dissolution est aux mains du roi comme un moyen de ramener au centre de gravité le Parlement qui s'en écarte.

La forme républicaine, le gouvernement de cabinet et le suffrage universel sont autant de garanties tour à tour introduites dans le droit constitutionnel des peuples pour protéger leurs libertés contre les abus possibles du pouvoir exécutif. Mais placer à la fois dans une même constitution le suffrage universel, la République et le parlementarisme, ce n'est plus prendre des garanties contre le pouvoir exécutif, c'est l'anéantir; ce n'est plus sauvegarder la liberté, c'est l'abandonner à l'anarchie. Gardons-nous de croire que l'exécutif soit nécessairement l'ennemi des libertés publiques; sa noble mission doit être d'en être le défenseur; pour qu'il la puisse accomplir, il ne faut pas qu'une injuste et aveugle méfiance s'ingénie à lui créer des entraves et le réduise à l'impuissance.

Je crois avoir démontré qu'il faut opter entre le parlementarisme et le suffrage universel. Je sais que, pour bien des gens, même parmi ceux qui ne croient pas utile de l'avouer présentement, l'option serait bientôt faite, et je vois sur les bancs du centre plus d'un républicain qui sacrifierait le suffrage universel. Mais après avoir dit qu'il faut opter, je dois ajouter qu'il n'est plus temps de choisir. Ce serait perdre son temps que s'attarder à discuter les mérites ou les inconvénients du suffrage universel ; il existe, et c'est un fait avec lequel toutes les formes de gouvernement auront désormais à compter.

Le suffrage universel est inséparable de l'État démocratique, et dans ce pays où la démocratie a poussé de si profondes racines, il n'y a plus qu'un problème à résoudre : ce n'est pas celui de savoir s'il faut restreindre le suffrage, c'est celui de trouver la forme de gouvernement qui convient le mieux à la démocratie.

L'expérience de la République parlementaire a été tentée en Espagne ; on sait comment elle a tourné. La même expérience se poursuit à nos dépens depuis dix années ; nous voyons peu à peu s'en aller tout ce qui fait la vie, la force, le prestige d'une nation. Quand donc enfin comprendrons-nous que c'est le parlementarisme qui nous tue ?

L'exemple que l'histoire semble offrir à notre imitation n'est pas celui d'une constitution antique, dont il faille chercher, dans la nuit des temps, les traces effacées. Depuis un siècle, de l'autre côté de l'Océan, une grande République prospère et développe ses libertés. Elle a le suffrage universel ; mais elle ne connaît pas la responsabilité illusoire des ministres devant les Chambres. Son principe est celui de notre Révolution française : la séparation des pouvoirs. Son régime politique est celui que nous appelons le régime représentatif.

Je ne propose pas de transporter Washington à Paris, ni la Maison-Blanche au palais de l'Élysée. Je conviens que notre histoire, nos mœurs, notre situation géographique ne permettent guère une exacte imitation des États-Unis d'Amérique. Je ne cite la Constitution de la grande République américaine qu'à l'appui des principes et des exemples que je trouve déjà dans notre propre histoire.

L'essentiel, c'est que le législatif et l'exécutif ne soient plus confondus ; qu'à cet effet, nous ayons un chef du pouvoir exécutif responsable, échappant à la dépendance d'un Parlement par son origine comme par ses attributions, gouvernant avec des ministres qu'il couvre de sa propre responsabilité et qu'il a choisis en dehors des Chambres. Quand nous aurons remplacé le gouvernement de cabinet par le gouvernement du président, le surplus sera secondaire, et l'expérience au besoin corrigera avec le temps les erreurs et les imperfections inhérentes à toute œuvre humaine.

Les adversaires du système représentatif craignent de donner, dans ce pays centralisé, trop de force à l'exécutif; ils entrevoient déjà les coups d'État et la République glissant dans le césarisme.

J'avoue ne pas partager ces appréhensions. Il faut, suivant les temps, redresser les institutions du côté opposé à celui où elles risquent de tomber, et je n'ai point à hésiter dans l'application de cette maxime d'orthopédie politique, si je considère qu'aujourd'hui ce n'est pas la proéminence du pouvoir exécutif qui nuit à la perfection de nos formes constitutionnelles.

Il me paraît, d'ailleurs, qu'entre l'état d'anarchie où nous sommes et la dictature, il y a un milieu possible où la sagesse du législateur pourrait trouver notre repos et notre sécurité. Une magistrature indépendante, une vie plus active donnée à la commune et au département, seraient sans doute des garanties pour rassurer les plus timorés.

Mais la meilleure des sauvegardes contre les usurpations de l'exécutif, c'est celle qui résulte de l'attachement des citoyens aux institutions qu'ils se sont données. Au 2 décembre, la responsabilité ministérielle n'empêcha pas le coup d'État. Par contre, après le 16 mai, en admettant que le coup d'État eût été dans les projets de l'exécutif, le courant irrésistible des sympathies populaires pour le régime républicain, tel qu'il apparaissait alors au pays, eût suffi à faire échouer toute tentative contraire aux lois.

Que les institutions assurent la prospérité du pays : elles seront à l'abri des coups d'État. Mais si la nation s'accoutume à confondre la République avec le parlementarisme, dont elle se désintéresse de plus en plus, le moment pourrait n'être pas éloigné où le sabre qui déchirerait les fictions de la responsabilité ministérielle n'arracherait même plus à leur indifférence les consciences endormies.

LXXV

Dignitaires inutiles. — Pétition pour demander la suppression des chevaliers Kadoches.

Quoiqu'elle ait pour symbole le triangle égalitaire, la franc-maçonnerie reconnaît un grand nombre de grades, à chacun desquels elle attache des décorations et des signes particuliers.

Le plus élevé de tous est le trente-troisième, qui fut, dit-on, attribué à Frédéric II, roi de Prusse, et qui appartient aujourd'hui à un grand nombre de FF∴ moins illustres.

Le trentième est celui de chevalier Kadoche, d'autres écrivent *Kadosch*, par respect pour l'étymologie, kadoche venant, assure-t-on, de l'hébreu *Kadasch*, qui veut dire *sacré*.

Depuis mon jugement, c'est le grade sacré de chevalier Kadoche qui me préoccupe le plus, car je me suis laissé dire que ces chevaliers-là sont chargés spécialement d'appliquer aux maçons indiscrets les peines prévues par le serment.

J'ai ouvert le *Calendrier maçonnique du Grand-Orient de France* : j'y ai vu que le F∴ Blanchon, propriétaire de bains, rue Pierre-Levée, 4, à Paris, est chevalier Kadoche.

Depuis lors, je me représente le F∴ Blanchon, tenant d'une main la pierre ponce et de l'autre un grand sabre, et je demande aux gens bien informés où peut être la rue Pierre-Levée, afin de n'y pas passer.

Cependant, je fus condamné le 20 février; près de deux mois se sont écoulés et la Parque Atropos, qui tranche le fil des destinées humaines, ne s'est encore présentée à moi sous l'aspect d'aucun chevalier Kadoche. Le doute a envahi mon âme, et je me suis demandé s'il était utile de violer plus longtemps le principe d'égalité, et de méconnaître les enseignements du triangle pour maintenir des dignitaires qui, par leur inaction, démontrent leur inutilité. Je propose de signer une pétition à l'assemblée générale du Grand-Orient de France pour que, dans sa session de 5885, elle décide la suppression des chevaliers Kadoches.

Vous me direz qu'on aurait trop à faire s'il fallait supprimer tous les matamores qui enflent la voix pour lancer de loin la menace, et qui, dès qu'on s'approche, rentrent leur tête dans leur cuirasse.

Le journal *Paris*, par exemple, dans son numéro du 2 avril, publiait la note suivante : «Nous adressons aujourd'hui même une demande en autorisation de poursuites contre M. Andrieux, député du Rhône, à M. le président de la Chambre des députés. »

Le public des tribunes a vainement attendu que le président de la Chambre donnât connaissance de la demande en autorisation de poursuites annoncée par le *Paris*. Pour moi, je n'ai pas été surpris du silence présidentiel ; j'ai simplement supposé que le rédacteur du *Paris* était chevalier Kadoche.

Quelqu'un qui me veut du bien m'avait avisé qu'un juge, mécontent d'un chapitre des *Souvenirs*, voulait me déférer à ses collègues. Le juge s'est tenu coi : c'était sans doute un chevalier Kadoche.

Sous le précédent ministère, tous les officieux affirmaient que le docteur Watelet avait essuyé pour moi les bancs de la police correctionnelle. J'ai vainement attendu l'effet de ces menaces. Ni le temps ni la mauvaise volonté n'ont fait défaut au défunt cabinet pour rédiger une assignation; mais tout cela c'étaient des histoires de chevaliers Kadoches.

Le 17 décembre dernier, à la « fête solsticiale » du suprême conseil, le F∴ Francolin a prononcé une allocution dont la *Chaîne d'union* a publié le texte. On y lit :

Une encyclique récente nous a accusés de frapper avec le poignard les faux frères de notre Ordre. Il suffit de jeter autour de nous un regard sur le monde profane pour reconnaître que nous avons été plus bénins et que *les oublieux de leurs serments maçonniques sont encore en vie.*

Si nous avons été indulgents, c'est que nous sommes avant tout des pacifiques, des tolérants et parfois des dédaigneux. Mais il ne faut pas abuser de nos vertus.

Eh bien! non, T∴ C∴ F∴ Francolin, si « les oublieux de leurs serments maçonniques sont encore en vie », ce n'est ni parce que vous êtes « indulgents », ni parce que vous êtes « dédaigneux ». Ce n'est même pas parce qu'il y a des juges et des gendarmes à Paris. C'est parce que vous n'avez pas la foi, qui seule arme le bras des sectaires. Vous ne prenez au sérieux ni vos serments, ni vos mystères, ni vos signes, ni vos attouchements, ni l'emphase de vos discours.

Certes, T∴ C∴ F∴ Francolin, je n'ai nulle envie « d'abuser de votre vertu », et je vous verrais, comme dit Dorine, « du haut jusques en bas », que je persisterais dans la réserve que vous m'inspirez. Mais avouez donc franchement qu'il est un peu ridicule de parler de votre vertu, de votre tolérance et de votre dédain.

C'est ce manque de naturel et de sincérité, ce sont ces allures de Croquemitaine, qui soulèvent contre vous, en outre de vos ennemis naturels, tant d'esprits sceptiques qui n'aiment pas qu'on leur en impose.

Il y a de braves gens qui s'imaginent que la société française est divisée en deux parts : les cléricaux et les francs-maçons. C'est dans cette seconde catégorie qu'ils rangent tous les républicains.

Leur erreur est grande ; car si presque tous les francs-maçons sont républicains, il s'en faut de beaucoup que tous les républicains soient francs-maçons.

C'est même du côté des républicains que me sont venues les plus chaudes adhésions, lorsque j'ai entrepris de dépouiller la franc-maçonnerie des oripeaux emblématiques dont elle aime à se couvrir.

J'ai sous les yeux des alexandrins, dignes de Némésis, qui, sous ce titre : *Dies iræ!* me furent adressés par un républicain libre-penseur, confondant dans une même malédiction les francs-maçons et leurs irréconciliables adversaires.

J'en détache la première strophe :

> Deux monstres effrayants, tortueux, ridicules,
> Se sont pris corps à corps et se sont enlacés,
> Cherchant à s'écraser entre leurs tentacules.
> Puis les poulpes soudain ne se sont qu'embrassés,
> Et tendant leurs milliers de bras inextricables,
> Comme pour échanger des baisers amicaux
> Ont tout broyé dans leurs étreintes implacables :
> Les francs-maçons se sont unis aux cléricaux.

Puis mon correspondant laisse Pégase s'emballer et il ajoute :

> Quand donc un ouragan révolutionnaire
> Vous emportera-t-il au vent par millions?
> Quand donc retentira le grand coup de tonnerre
> Qui sonne dans les temps les réveils de lions?
> O monde, souviens-toi qu'en ce jour de colère,
> Si Voltaire vivait, il te conseillerait,
> Puisque leur symbole a forme triangulaire,
> De changer le triangle en vaste couperet.

Mon correspondant me permettra de lui dire qu'il connaît mal Voltaire, et que le sceptique de Ferney, qui, à la porte de son château, dédiait un temple à Dieu, n'était point homme à guillotiner ceux qui ne pensaient pas comme lui.

Mais, pour reprendre ma conversation avec le F∴ Francolin, je lui dirai :

Quand on veut s'associer pour faire le bien, point n'est besoin d'épreuves, ni d'attouchements, ni de huis clos. Ouvrez vos temples; vendez au profit des pauvres les ornements singuliers qui les décorent, parlez comme tout le monde, soyez simples et non grimés; surtout n'ayez pas l'impertinente prétention d'empêcher qu'on rie un peu de la franc-maçonnerie, dans ce siècle qui ne croit à rien.

LXXVI

Son Altesse M. Courjon, maharajah de Chandernagor.

Ayant eu, dans un chapitre précédent, l'imprudence de parler de quelques projets d'interpellation que le dernier cabinet avait écrasés dans sa chute, j'ai reçu de plusieurs lecteurs des lettres m'invitant à donner place dans mes *Souvenirs* aux faits qu'il n'est plus opportun de porter à la tribune.

C'est ainsi que je suis amené à parler de Son Altesse M. Courjon, maharajah de Chandernagor.

Déjà, la presse s'est emparée de la décision ministérielle par laquelle M. Courjon a été élevé à la haute dignité de maharajah, et divers journaux en ont exploité le côté divertissant.

Mais ce que le public n'a pas connu, et ce qu'il eût été intéressant de faire savoir à la Chambre, c'est que la qualité de maharajah n'était point un vain titre, un hochet destiné à l'amusement de M. Courjon; que des droits importants y étaient attachés; qu'enfin, un projet financier, heureusement resté à l'état de projet, avait dû permettre au maharajah de se constituer une sorte de liste civile. C'est le côté de la question qui mérite quelques éclaircissements.

Lorsque, après les traités de 1814 et de 1815, les Anglais nous restituèrent nos établissements de l'Inde, réduits toutefois aux limites restreintes que leur avait précédemment assignées la paix de 1783, quelques territoires, connus sous le nom de *loges*, et dont le plus important n'excède guère la superficie de la place de la Concorde, restèrent en litige aux mains de l'Angleterre.

M. Jules Ferry, dont la politique extérieure consista principalement à susciter des difficultés entre la France et l'Angleterre, avait pensé que le moment était heureusement choisi pour soulever la question des loges, et il avait envoyé dans l'Inde française un fonctionnaire, M. Has, avec la mission d'en préparer la solution.

M. Has avait connu, à Chandernagor, un Français nommé Courjon, et avait reçu l'hospitalité dans le palais de celui-ci, splendide épave d'une fortune naufragée.

M. Has et M. Courjon étaient de retour à Paris. M. Courjon habitait un modeste appartement rue de Chateaubriand. Il promenait aux Champs-Élysées, dans une redingote et sous un chapeau qui n'avait rien d'oriental, sa personne plébéienne et son nom roturier, lorsque fut conçu, au ministère de la marine, le projet de lui donner, avec le titre de maharajah, la ferme générale des loges.

On commença par le titre; car le projet d'affermage des loges comportait l'approbation du ministère des affaires étrangères. La décision nommant M. Courjon maharajah de Chandernagor fut soumise à l'honorable amiral Peyron, qui, un peu surpris, en donnant sa signature, se borna à cette réflexion : « Tiens, je fais des maharajahs, maintenant ! »

Qu'est-ce donc qu'un maharajah? Il est fort possible que l'honorable sous-secrétaire d'État aux colonies ne s'en soit pas rendu un compte exact; il aura cru que c'était quelque chose comme un officier d'académie.

Or, le titre de maharajah, *magnus rex*, est le plus élevé que connaisse la loi de Manou.

J'emprunte au livre VII de la loi quelques-uns des *slokas* ou versets qui ont trait aux devoirs des rajahs :

1. — Je vais déclarer les devoirs des rajahs, la conduite qu'ils doivent tenir, quelle est leur origine et comment ils peuvent obtenir la récompense suprême.

3. — Ce monde, privé de rajahs, étant de tous

côtés bouleversé par la crainte, pour la conservation de tous les êtres, le Seigneur créa un rajah.

5. — Et c'est parce qu'un rajah a été formé de particules tirées de l'essence des principaux dieux qu'il surpasse en éclat tous les mortels.

6. — De même que le soleil, il brûle les yeux et les cœurs, et personne sur la terre ne peut le regarder en face.

7. — Il est le feu, le vent, le soleil, le génie qui préside à la lune, le roi de la justice, le dieu des eaux, et le souverain du firmament par sa puissance.

20. — Si le rajah ne châtiait pas sans relâche ceux qui méritent d'être châtiés, les plus forts rôtiraient les plus faibles, comme des poissons sur une broche.

21. — La corneille viendrait becqueter l'offrande de riz, le chien lécherait le beurre clarifié; il n'existerait plus de droit de propriété; l'homme du rang le plus bas prendrait la place de l'homme de la classe la plus élevée.

44. — Qu'il fasse, nuit et jour, tous ses efforts pour dompter ses organes; car celui qui les maîtrise est seul capable de soumettre les peuples à son autorité.

106. — Comme le héron, qu'il réfléchisse sur les avantages qu'il peut obtenir; comme le lion, qu'il déploie sa valeur; comme le loup, qu'il attaque à l'improviste; comme le lièvre, qu'il opère sa retraite avec prudence.

128. — Après mûr examen, le rajah doit lever les impôts dans ses États…

129. — De même que la sangsue, le jeune veau

et l'abeille ne prennent que petit à petit leur nourriture, de même ce n'est que par petites portions que le rajah doit percevoir le tribut annuel.

158. — Le rajah doit considérer comme ennemi tout prince qui est son voisin immédiat ainsi que l'allié de ce prince; comme ami, le voisin de son ennemi.

213. — Qu'il sacrifie ses richesses pour sauver son épouse, qu'il sacrifie son épouse et ses richesses pour se sauver lui-même.

Je lis encore dans le livre IX des lois de Manou :

231. — Le rajah doit confisquer tous les biens des ministres qui, enflammés de l'orgueil de leurs richesses, ruinent ceux qui soumettent leurs affaires à leurs décisions.

232. — Que le rajah mette à mort ceux qui font de faux édits, ceux qui causent des discussions parmi les ministres...

275. — ...Que le rajah fasse périr, par divers supplices, les gens qui dérobent son trésor ou refusent de lui obéir, ainsi que ceux qui encouragent les ennemis.

Je demande pardon au lecteur de ces citations un peu longues; mais elles étaient nécessaires pour apprécier ce qu'a fait « le Seigneur », autrement dit le sous-secrétaire d'État aux colonies, lorsqu'il a « extrait de l'essence des principaux dieux les particules » nécessaires au maharajah Courjon, pour qu'il pût « surpasser en éclat tous les mortels ».

Lorsque la décision du ministre de la marine eût été notifiée à M. Courjon, il quitta sa redingote et revêtit une sorte de stambouli soutaché de soie noire; il remit dans un carton son chapeau à haute forme et entoura sa tête d'un turban jaune et brun, retenu par des épingles d'or.

On le rencontra aux Champs-Élysées portant une ombrelle blanche. On le vit plus souvent au ministère de la marine, où les huissiers annonçaient à M. le sous-secrétaire d'État « Son Altesse le prince Courjon. »

Indépendamment des droits qui résultaient pour lui des textes déjà cités, le prince avait le pouvoir, qui appartient à tous les rajahs ou princes hindous, de conférer, par *manschûr,* ou lettres patentes, le titre de *nizam,* celui de *wazir,* celui de *soubadar,* celui de *nabâb,* celui de *zamindar,* qui autorisent à faire porter devant soi un étendard ou quelque autre insigne, tel que trois queues de cheval, un poisson au bout d'une pique, etc.

Si l'honorable sous-secrétaire d'État aux colonies eût été interpellé au sujet du prince Courjon, il se fût sans doute défendu d'avoir voulu lui donner le droit de conférer à son tour des titres de noblesse, de lever des impôts, de mettre à mort les rebelles et surtout de confisquer les biens des ministres.

Mais l'honorable M. Félix Faure eût été enfermé dans ce dilemme : Ou vous avez fait un maharajah, et tous les droits prévus par la loi de Manou lui appartiennent ; — ou vous n'avez pas donné à M. Courjon les droits précédemment énumérés, et vous n'avez point fait un maharajah. En ce dernier cas, malgré votre décret, M. Courjon reste Courjon comme devant.

Ce n'était pas sans doute à l'usage des salons et des boudoirs parisiens que M. Courjon était fait maharajah de Chandernagor.

Or, dans l'Inde française, l'immense majorité des habitants est soumise aux lois de Manou et elle ne comprend pas un maharajah qui n'est pas maharajah.

Dans l'Inde entière, il n'a pas existé jusqu'ici de maharajah européen, et lorsqu'en Malaisie, un Européen s'est affublé de ce titre, comme Brooke, qui s'était proclamé *rajah de Sarawak*, le gouvernement anglais a protesté et traduit l'usurpateur devant le *banc de la Reine*.

Le vice-roi est appelé par les indigènes *lord-*

sahib (monsieur le lord), et jamais aucun indigène n'a profané le titre de maharajah, en l'appliquant au « pariah » qui règne à Calcutta au nom de l'Angleterre.

La reine elle-même est appelée la *kaiseri Hind*, c'est-à-dire la *César de l'Inde*, et jamais la *maharani* ou *grande reine*.

C'est ce titre vénéré qu'un ministre de la République française a cru pouvoir conférer par un arrêté.

M. Félix Faure a fait une Altesse... au titre indien, comme il dit pour la justification de cette fantaisie. A Paris, ce n'est que ridicule; mais sur les bords du Gange, c'est mauvais pour notre prestige et pour le respect de notre autorité.

Ce qui eût aggravé le déplorable effet de l'arrêté ministériel, c'eût été l'affermage des loges, dont le projet avait été étudié. M. Courjon allait avoir un territoire pour y exercer tous les droits qui appartiennent au maharajah, et la redevance qu'il était question de lui demander ne pouvait s'expliquer que par l'exercice d'un pouvoir effectif et lucratif.

On a prétendu qu'il était équitable de récompenser les services rendus par M. Courjon.

Cette explication surprendra nos compatriotes, aussi bien à Chandernagor qu'à Pondichéry. Ils se demanderont quels services a bien pu rendre M. Courjon, et ils se rappelleront qu'il n'a jamais été question d'une pareille récompense pour aucun des bienfaiteurs de l'Inde :

Ni pour le docteur Margain, qui a créé l'hôpital de ce nom à Chandernagor;

Ni pour le babou Prankristo Chowdri, qui y a créé des écoles;

Ni pour M. Calvé Souprayachetty, qui a donné à la colonie de Pondichéry le grand collège Calvé;

Ni pour M. Sandirapoullé, le petit-fils du célèbre Hindou qui, pour combattre les Anglais, quand les boulets vinrent à manquer, fit charger ses canons avec des roupies;

Ni pour M. Chanemougavelayoudamodeliar, descendant direct de la famille princière du pays, qui jouit à Pondichéry de la plus haute influence et du respect de tous les partis;

Dupleix, le grand Dupleix, n'a jamais été maharajah, et sa femme, l'illustre Johanna Begum, n'a jamais été que « Mme Jeanne »;

Anquetil, Jacquemont, Burnouf, Barthélemy Saint-Hilaire, Garcin de Tassy, et tous les Français dont le nom est respecté dans l'Hindoustan, n'y ont porté que la qualification de *sahib* ou *monsieur*.

Mais M. Courjon se fût-il montré plus généreux que Calvé ou que le docteur Margain, fût-il le descendant d'une famille plus illustre que celles de M. Chanemouga, fût-il plus savant que Burnouf ou plus grand que Dupleix, pour lui conférer la noblesse, avec ou sans hérédité, j'imagine qu'un arrêté ministériel eût paru insuffisant.

Cher monsieur Félix Faure, vous étiez certainement un des meilleurs et des plus sympathiques parmi ceux qui siégeaient, derrière M. Jules Ferry, au banc des sous-secrétaires d'État; mais vous avez donné un bien dangereux exemple à ceux qui sont appelés à entrer dans la carrière, maintenant que vous n'y êtes plus.

Ils n'y trouveront pas que votre poussière et la trace de vos vertus; ils y rencontreront aussi vos arrêtés, et, par ce temps de favoritisme, ils ne résisteront peut-être pas au désir d'être agréables à leurs amis. Nous avons déjà, dit-on, des nababs à la Chambre; nous aurons des wazirs et des soubadârs.

Ce n'était pas la peine assurément de supprimer les titres de noblesse, sous la première et la seconde République, pour les rétablir sous la troisième... *au titre indien.*

LXXVII

Police extérieure. — Question tunisienne.

La juridiction du préfet de police est limitée au département de la Seine et à quelques communes de Seine-et-Oise; mais la mission qui lui incombe de renseigner le gouvernement sur toute chose l'oblige à étendre ses recherches bien au delà du territoire dans les limites duquel la loi enferme son autorité.

Les fonds secrets dont il dispose, quoiqu'on les ait souvent déclarés insuffisants, semblent d'ailleurs l'inviter à entretenir des agents dans les départements et même à l'étranger.

Il est fort délicat, pour un ministre des affaires étrangères, d'exercer, par des intermédiaires non accrédités, une surveillance occulte; il risque de froisser des susceptibilités, de faire naître des difficultés, de donner lieu à des réclamations.

L'action du préfet de police ne présente pas les mêmes inconvénients : outre qu'elle est censée n'avoir pour objet que des recherches intéressant la sûreté intérieure, elle peut toujours être désavouée, quand elle se laisse surprendre.

J'ai eu des agents dans toutes les capitales de l'Europe, et j'ai pu donner au gouvernement des renseignements dont il a parfois reconnu l'intérêt. Cependant, je dois dire que j'ai été peu encouragé dans mes essais de diplomatie occulte, et que si j'y ai persisté jusqu'au dernier jour de ma fonction, ce fut moins pour répondre aux désirs des ministres que pour obéir à ma propre inclination.

Quelques extraits de mes rapports sur la question tunisienne permettront d'apprécier l'utilité des renseignements que j'avais coutume de communiquer au ministre des affaires étrangères.

La Compagnie Rubbatino, grâce à l'appui du ministère Cairoli, et à la garantie d'intérêt votée par le Parlement italien, venait de se rendre adjudicataire de la ligne de Tunis à la Goulette, et d'évincer la Compagnie française du chemin de fer de Bône à Guelma. L'intervention du gouvernement italien dans cette adjudication, l'enthousiasme avec lequel la garantie d'intérêt avait été votée, ne permettaient pas au Quai d'Orsay de rester indifférent à ces actes d'hostilité manifestement dirigés contre l'influence française.

J'écrivais le 17 juillet 1880 :

Les lettres que je reçois de Tunis, émanant de musulmans, envisagent la situation sous un tout autre point de vue que nous. On est très irrité contre le bey et son entourage, mais encore plus contre la France, sur le protectorat de laquelle comptaient les Arabes.

A leurs yeux, nous sommes tombés au dernier échelon de l'impuissance, et ils ne croient plus en nous.

L'inquiétude et l'irritation sont extrêmes dans les tribus, et habilement entretenues par Kheredine, le général Hussein, l'ancien cheick-ul-islam Birem et tout l'élément fanatique.

Ce n'est pas encore la révolte, mais on songe à déposer le bey au profit de son frère l'émir du camp.

Le promoteur de ce mouvement, qui peut compliquer la situation à un moment donné, habite l'Italie, où il a su se créer de puissants alliés. C'est le général Hussein.

Ce personnage est un mameluk comme Kheredine. Il a la haine de la France. Pour combattre notre influence, il alla jusqu'à la rébellion contre son souverain, qui l'exila. Rentré en grâce, il fut chargé de la liquidation, en Italie, de la succession du caïd Nessim, qui avait fui Tunis après y avoir fait une fortune scandaleuse.

Depuis une dizaine d'années, il habite alternativement Livourne, Florence et Rome, intriguant contre la France, dilapidant, au détriment du bey, les millions de la succession Nessim et excitant le mécontentement des Arabes de l'intérieur.

Il subventionne les journaux italiens qui écrivent

contre la France. C'est un esprit fin et dangereux et un fanatique.

Extrait de mon rapport du 25 août suivant, alors que le bey avait concédé à des compagnies françaises la création d'un port à Tunis et d'un embranchement sur Bizerte :

M. Maccio ne dissimule pas sa rage, et va tous les jours à la Goulette ennuyer le bey, et humilier les officiers de son entourage, en exigeant qu'ils s'éloignent quand il confère avec le prince. Tous les consuls se tiennent sur une grande réserve, notamment celui d'Allemagne, qui affecte même de ne se rencontrer ni avec M. Maccio ni avec M. Roustan.

Quant à ce dernier, il est aussi calme que son collègue italien est agité; il est assuré, non seulement du concours du gouvernement tunisien, mais aussi de celui des ulémas, qui dirigent l'opinion des indigènes musulmans.

. . . .

Il faut tenir un compte très sérieux des tendances des esprits en Italie pour tout ce qui touche, non seulement à la Tunisie, mais à l'Égypte, à Assab et à tout le littoral africain.

Les Italiens ne se cachent point pour le dire : la lutte de l'influence italienne contre l'influence française est résolument engagée. Sous des apparences bien innocentes, l'Italie a mis un pied sur le littoral de la mer Rouge; elle a aujourd'hui une ligne de chemin de fer qui est pour elle un point d'appui, le pivot autour duquel viendront se mouvoir ses ambitions futures; elle n'en restera pas là.

Rapport du 29 août :

.... L'envoi de nos deux cuirassés dans les eaux tunisiennes a été comme une douche salutaire qui a calmé les Italiens. Si cette intelligente énergie déployée par M. de Freycinet pouvait servir à bien définir la situation là-bas et à faire comprendre aux Italiens que toute tentative inopportune de leur part sera résolument combattue, on pourrait affirmer que l'acquisition de la ligne la Goulette-Tunis, très préjudiciable en apparence aux intérêts français, est devenue par le fait un heureux événement.

En somme, les Italiens reconnaissent qu'ils ont été vaincus et commencent à battre en retraite. Mais puisque nous avons si bien commencé, ne nous endormons pas, car il est évident qu'ils vont chercher à nous porter quelque botte secrète. Ne nous a-t-on pas menacés, depuis huit jours, de l'intervention de l'Allemagne et de la Turquie ?

Je doute beaucoup qu'un État quelconque de l'Europe veuille venir aujourd'hui s'occuper de nos rapports avec l'Italie dans la Régence. Mais je constate que l'Italie poussera de toutes ses forces à l'intervention étrangère.

Si je me suis permis de conseiller la longanimité et la générosité à l'égard de l'Italie, dans des circonstances assez délicates, je ne me lasserai pas de prêcher aujourd'hui l'attitude la plus résolue dans la question tunisienne; il y va de notre avenir en Orient, il y va de nos intérêts commerciaux, et il ne faut pas oublier que l'Italie est pour nous, à cet égard, le plus dangereux des adversaires.

7 septembre :

Les journaux de Rome continuent à mettre une sourdine à leurs polémiques au sujet de Tunis. La plupart se contentent de reproduire mélancoliquement les articles plus ou moins platoniques en leur faveur publiés par des feuilles de Vienne ou de Berlin. Les avances qui viennent de ce côté commencent à prendre une forme plus définie, et j'ajoute que si la discorde continue à régner dans la Régence entre la France et l'Italie, ces avances seront bien reçues par la grande majorité des hommes politiques d'Italie, surtout par les chefs du grand parti libéral modéré. Le roi, je le sais par des indiscrétions du Quirinal, s'est montré très irrité à propos de Tunis.

Il s'est écrié, comme feu Victor-Emmanuel : *Questa non é la maniera di fare della politica.*

Au fond, le roi Humbert n'est peut-être pas fâché de l'incident. Le jeune souverain n'aime pas la France, il ne faut pas nous faire d'illusion à cet égard, et il trouve que le ministère a beaucoup trop de sympathie pour nous et pour le régime républicain. Rien d'étonnant donc à ce qu'il se réjouisse *in petto* de ce bâton dans les roues, destiné certainement à troubler l'honorable Cairoli et ses amis et à les arrêter dans leurs bons procédés et leurs bonnes intentions à notre égard.

Une lettre de Milan m'apprend que ce ne sont pas seulement MM. Cairoli, Cialdini et Maffei qui ont assisté à la conférence de Belgirate, que le vieux Correnti lui-même y avait été invité, ce qui pour moi donnerait un caractère relativement plus grave à cette réunion. M. Correnti est en effet le conseiller des grandes circonstances.

Dans toutes les complications diplomatiques de quelque importance, c'est toujours à lui qu'on a recours, mais j'ajoute bien vite que, par sa nature même et par ses tendances politiques, le secrétaire de Sa Majesté pour la grande maîtrise des ordres de chevalerie est toujours porté à donner des conseils de modération.

La présence de Correnti est à première vue une preuve des sentiments du roi et des préoccupations du cabinet; mais elle est en fait rassurante, à cause du caractère du personnage, qui est bien le Fabius Cunctator de la politique italienne.

Nous arrivons au mois de décembre 1880. M. Jules Ferry est président du conseil. M. Barthélemy Saint-Hilaire a succédé à M. de Freycinet au ministère des affaires étrangères.

J'écris le 18 décembre :

..... Le bey est gravement atteint et la situation très tendue en Tunisie. L'influence de la France diminue et M. Roustan, dont l'habileté est incontestable, n'est plus écouté avec la même déférence au Bardo.

Cette situation tient non seulement aux difficultés créées par la politique européenne et les intrigues de Kheredine devenu mouchir, dignité qui le fait l'égal du bey, mais encore et surtout au réveil du fanatisme dans tous les pays de l'islam. Comme j'ai eu occasion de vous le dire, le cri d'alarme a été jeté depuis deux ans par les shérifs de la Mecque. Ce n'est pas encore la proclamation de la guerre sainte, mais l'invitation aux musulmans de se recueillir et de s'unir contre la chrétienté.

Tous les pèlerins qui reviennent de la Mecque l'annoncent, et les collecteurs des villes saintes qui parcourent les pays musulmans du Maroc aux Indes prêchent l'union des enfants de l'islam contre les infidèles.

Le danger est-il imminent en Tunisie? Je le crois sincèrement.

..... Ce qu'il m'est permis d'affirmer, en me basant sur l'esprit de mes correspondances avec les musulmans, c'est que l'agitation grandit, aussi bien parmi les tribus de la Tunisie que parmi celles de l'Algérie, notamment dans le sud de la province de Constantine.

La présence à Palerme d'une mission tunisienne chargée de venir saluer le roi d'Italie durant le voyage qu'il faisait en Sicile, va raviver les polémiques de la presse. J'écris le 4 janvier :

Le roi et la reine d'Italie sont arrivés à Palerme ; la colonie italienne de Tunis y envoie une députation pour saluer les souverains et leur exposer les craintes qu'inspire la politique de la France.

Cette manifestation va faire quelque bruit ; on célébrera les mérites du bey, qui a donné vendredi des marques publiques de sa réconciliation avec M. Maccio, consul d'Italie, dont les relations avec le Bardo étaient restées tendues ; on présentera comme un triomphe pour la politique italienne l'échec subi par M. Léon Renault, le bey ayant refusé de prendre connaissance du projet de Crédit foncier en Tunisie qu'était allé lui soumettre l'ancien préfet de police. Cet échec est dû à M. Maccio, qui a su mettre dans son jeu le trésorier général du gouvernement tunisien.

20 janvier 1881 :

Il serait difficile de nier aujourd'hui que la venue à Palerme du consul Maccio, des représentants de la colonie italienne et du neveu du bey de Tunis ne constitue une véritable démonstration politique. Si M. Maccio n'avait eu derrière lui que ses compatriotes, la chose eût été très explicable et très logique, mais la présence de l'héritier du bey et d'un état-major complet aggrave singulièrement l'incident.

Voici comment se compose cette mission tunisienne :

Le neveu du bey, le ministre de la guerre de la Régence, trois aides de camp, un secrétaire, le consul général d'Italie et les représentants de la colonie italienne.

27 janvier 1881 :

J'appelle l'attention du gouvernement sur une correspondance adressée de Londres à la *Gazette de Berlin*, où il est dit :

Tunis et Tripoli sont perdus pour l'Italie. L'occupation de l'Égypte par les Anglais étant devenue inévitable, la France cherche une compensation dans l'acquisition de toute la côte septentrionale de l'Afrique. Elle n'y trouvera guère d'agréments, étant donné le peu d'aptitude des Français pour la colonisation.

Mais l'Europe regardera faire et n'enviera pas à la France ce divertissement africain. Les Anglais seuls bouderont : tout ce que les autres s'approprient, ils le considèrent comme un vol qui leur serait fait à eux-mêmes.

A la fin du mois de mars, un fait nouveau se produit, qui va permettre au cabinet français de substituer l'action militaire à l'action diplomatique.

Les tribus tunisiennes de la frontière, connues sous le nom générique de Kroumirs, ont pénétré dans la province de Constantine, et, dans un engagement de plusieurs heures avec un détachement de troupes françaises, cinq de nos soldats ont été tués et cinq autres blessés.

Le 7 avril, je fais connaître au gouvernement l'état de l'opinion en Italie :

On est presque résigné à une occupation, et s'il n'y a à craindre que des embarras venant du côté de l'Italie, il n'y a rien à craindre.

La question n'intéresse que peu de monde; il y aura peut-être une explosion dans la presse, le jour où les bataillons français entreront en Tunisie; on menacera de l'Allemagne, on rappellera Mentana, on maudira la prépotence française, et ce sera tout.

A la veille de l'emprunt de 600 millions, le moment est excellemment choisi pour une action de la France, si cette action rentre dans les projets du gouvernement.

Extrait de mon rapport du 8 avril :

Un de mes correspondants de Rome m'écrit le 5 avril :

On espère toujours que l'Italie sera assez sage pour nous laisser prendre Tunis, où nous avons de si gros intérêts, sans protestations trop violentes.

L'opinion des gens sensés, même celle des militaires que je connais, nous est favorable dans cette affaire; on comprend que la France, après dix ans de paix pendant lesquels on a reconstitué, et bien au delà, les capitaux dévorés pendant la guerre de 1870-1871, a besoin d'expansion, et que l'emploi de sa force latente (dans le sens économique) est devenu une nécessité.

On eût préféré certainement que cette expansion eût une autre direction que Tunis, car ce pays semble bien près de la Sicile, mais on ajoute : « Que nous importe, à nous Italiens de la haute Italie ? Cela ne peut être désagréable qu'aux Méridionaux : qu'ils se débrouillent ! » Voilà où en est l'unité !! Et cela je l'ai entendu de la bouche d'un officier.

J'aurais vu un symptôme de guerre dans la nomination de Mezzacapo : il a un programme et veut l'Italie puissante, surtout militairement. Mais on vient de nommer le général Ferrero, qui commandait la division de Bari. C'est un homme qui ne représente rien : ni un aigle ni une nullité; toute sa signification, il la tire de ceci qu'il a été appelé après que Mezzacapo a refusé.

Et ce dernier n'a pas voulu être ministre une autre fois parce que l'on n'a pas voulu lui laisser dépenser 20 millions par an en surplus du budget de la guerre, tel qu'il est établi.

Pour moi, c'est un symptôme pacifique, et je crois vous exprimer le sentiment général à ce sujet.

Le 22 avril, je communique au gouvernement une lettre qui m'est adressée de la Spezzia, le 17 :

Je suis à même de vous assurer que l'agitation produite par notre presse (assez ignorante d'ailleurs) pour l'échauffourée tunisienne n'est point partagée par les corps militaires et principalement par la marine.

Veuillez vous souvenir qu'autrefois je vous ai écrit que nos commandants, qui se rendaient à Tunis, étaient tous, sauf de Amezaga, partisans de M. Roustan et non de notre consul Maccio.

Il est possible que nous ayons travaillé inostensiblement à Tunis; mais je puis vous assurer que la tendance de ce que l'on peut appeler la politique cachée n'est point Tunis, mais Tripoli.

Le mouvement vers Tripoli n'a été signalé à la presse qu'en ce qui concerne M. le capitaine Camperio. Mais je suis à même de vous donner une nouvelle bien plus importante et que personne ne connait publiquement.

Giacomo d'Orio et Beccari, que le ministre avait envoyés à Assab, et sur les rapports desquels — non point sur d'autres — la décision d'annexer la baie a été prise, sont maintenant en route pour Tripoli, en passant par Tunis.

Or, on ne va pas à Tripoli pour un voyage d'agrément. Une mission spéciale existe donc et elle est confiée à deux hommes dont le jugement est sûr et ne peut point être troublé par les ambitions personnelles mesquines, comme il arrive fort souvent aux personnes appartenant à l'administration.

Nous sommes bien loin d'une collision; elle n'est maintenant que dans la cervelle de messieurs les journalistes de la droite, charmés d'attaquer Cairoli comme incapable et Cialdini comme paresseux.

A la fin d'avril, après trois semaines de préparatifs dont s'impatientait l'opinion publique, prête à douter des progrès de notre réorganisation militaire, les troupes françaises entrèrent sans résistance en Tunisie et occupèrent progressivement le pays, sans réussir à rencontrer les Kroumirs.

Les déclarations de désintéressement, portées à la tribune par M. Jules Ferry, n'abusaient personne à l'étranger, et j'écrivais le 6 mai :

Les journaux gallophobes d'Italie travaillent à persuader au public que la France ne limitera pas son action au châtiment des Kroumirs, qu'on ne peut prendre au sérieux les déclarations du gouvernement français, que la France s'emparera de la Régence. Le gros public croit les journaux et, quant au monde politique, les gens qui le composent sont trop habitués à considérer la politique comme un jeu où la tricherie est le premier des devoirs, pour supposer que la France ne soit pas décidée à pousser jusqu'au bout ses avantages.

Il résulte de tout cela que l'opinion est parfaitement préparée à toutes les conséquences de l'expédition française en Tunisie. Quelles qu'elles soient, ces conséquences ne produiront pas une émotion plus vive que celle qui s'est manifestée le jour où les dépêches ont annoncé que les Français avaient passé la frontière.

Dans le monde officiel, on est absolument résigné.

A Berlin, on voyait notre expédition avec faveur, et on se bornait à critiquer l'éclat dont le gouvernement avait cru devoir l'entourer.

Mon correspondant de Berlin m'écrivait à la date du 2 mai :

J'ai vu M. Rodolphe Lindau samedi dernier; nous avons parlé de différentes choses, et notamment de l'expédition de Tunis. Il m'a dit, à ce sujet, qu'il évitait avec le plus grand soin de se moquer des Français, « un peuple qu'il aime tant », mais qu'il était pourtant difficile de s'abstenir de toute plaisanterie en apprenant les faits d'armes du corps expéditionnaire. Selon lui, le résultat à venir ou déjà obtenu est hors de proportion avec la mise en scène employée, qui prête à rire.

M. Lindau aurait voulu qu'on se contentât d'envoyer aux frontières de Tunisie deux ou trois régiments et que les choses se fussent passées avec aussi peu de bruit que lorsqu'une petite insurrection éclate chez quelque tribu peu importante d'Algérie. M. Lindau reflète exactement les idées que le prince de Bismarck permet à ses subalternes du ministère des affaires étrangères.

N'ayant pas la prétention de faire, à l'aide de mes rapports, l'histoire de l'établissement de notre protectorat en Tunisie, je borne là mes citations. Elles auront suffi, j'espère, à démontrer que la préfecture de police peut avoir un rôle utile d'information au point de vue des relations extérieures.

LXXVIII

Autour du Bey. — Kheredine. — Le baron Robert de Billing. — Mustapha-ben-Ismaïl. — Elias Mussali.

Il y aurait un intéressant chapitre à écrire sur le bey Mohammed-Sadock, sur les personnalités qui s'agitaient autour de lui, sur les intrigues qui l'obsédaient.

Mais, pour aborder ce sujet, il faudrait avoir vécu à Tunis, comme le baron Robert de Billing, qui fut notre consul général dans la Régence en 1874 et 1875, et dont je cite le nom avec le dessein prémédité de provoquer de sa part quelques communications de nature à intéresser mes lecteurs.

Je n'ai vu l'entourage du bey qu'à travers les rapports de mes agents, et je n'ai personnellement connu que Mustapha-ben-Ismaïl et le général Elias.

Les Parisiens n'ont pas oublié Kheredine, qui fut Parisien autant qu'eux tous sans cesser d'être un musulman fanatique; on le rencontrait aussi souvent au Cercle Impérial qu'au quai d'Orsay. Mais, en quittant le tapis vert, à une heure du matin, il allait faire ses dévotions suivant la loi du Prophète.

A Tunis, le bey l'avait pris en horreur et voulut un jour le faire étrangler. A cet effet, le vieux Mohammed-Sadock ordonna à Mustapha-ben-Ismaïl de se rendre chez Kheredine avec les hommes nécessaires au succès de cette petite expédition, qui n'était pas sans précédents à la cour de Tunis. Notre consul était présent; il fit ses efforts pour ramener Son Altesse à des sentiments plus chrétiens, lui rappelant que Kheredine était alors fort protégé par Son Excellence le duc Decazes, notre ministre des affaires étrangères.

Mohammed-Sadock restait inflexible. Mustapha sortit avec ses hommes pour aller accomplir les ordres de son maître. Mais il était visiblement troublé, et, tandis qu'il traversait le jardin, il tremblait de tous ses membres, au point que le baron de Billing en put faire la remarque et dire au bey :

« Vous voyez l'état où est votre fils. Il ne peut se résoudre à accomplir cet acte inhumain. »

L'insistance du consul général de France, aidée par l'affection de Mohammed-Sadock pour son

« fils adoptif », finit par l'emporter sur la colère du bey, et Kheredine eut la vie sauve.

Voici le portrait qu'un de mes agents, depuis longtemps en relations avec Mustapha-ben-Ismaïl, me traçait de ce dernier personnage, au mois de juillet 1881 :

« Il est Arabe dans toute l'acception du mot ; toujours guidé par son intérêt, il se soumet s'il est contraint par la force ou les événements, prêt à reprendre la lutte si l'occasion se présente.

» Il ne nous trahira pas, mais il nous laissera trahir sans nous prévenir : pour le moment, il s'est mis du côté du plus fort, tout en conservant des relations avec les fanatiques de Tunis. Il n'a d'autre but que de conserver sa fortune et celle de son maître, but étroit et qui ne comporte aucune vue d'ensemble pour l'avenir.

» C'est un esprit très fin ; ce n'est point un homme à grandes vues politiques rêvant la reconstitution de la Tunisie ; Mustapha est un faiseur d'affaires, aimant l'argent et les plaisirs, timide avec nous en ce moment, et peut-être audacieux demain.

» Son ambition, à l'heure présente, est d'obtenir la dignité de grand'croix de la Légion d'honneur.

» Comme homme privé, il est charmant, ne manque pas d'esprit naturel et est de relations faciles. Sa personne est généralement sympathique. Le général Elias Mussali, qu'on lui a donné comme second chef de mission, est un Levantin sans caractère et sans personnalité. Il est inspiré par le comte de Sancy, qui joue un rôle occulte, mais important, dans toutes les intrigues tunisiennes. »

J'eus l'honneur de connaître le premier ministre du bey lorsqu'il vint à Paris, accompagné d'une « mission tunisienne », vers le 20 juin 1881.

Son Excellence Mustapha-pacha occupait, avec sa suite, au Grand-Hôtel, les appartements qu'avait autrefois habité le schah de Perse.

La mission se composait de MM. le général Elias, le docteur Mascaro, Volterra et Revoltella.

Le général Elias, chrétien d'Orient, d'un caractère doux et serviable, avait toujours montré de bons sentiments pour la France, où ses fils avaient été élevés. M. Roustan, notre consul général, l'appréciait beaucoup.

Le général, homme modeste et sans initiative, était d'ailleurs moins connu par lui-même que par Mme Elias, une Italienne remarquablement belle et fort intelligente.

Quoique originaire de Livourne, Mme Elias

était Française par le cœur. Bien avant l'arrivée de M. Roustan, elle était connue comme telle au consulat de France. Elle mettait son honneur à être belle, et elle n'a jamais pardonné à l'avocat de M. Roustan, qui, dans un procès célèbre, avait cru devoir, pour les besoins de sa cause, la représenter comme une personne flétrie par l'âge, incapable de troubler le cœur de notre consul général.

Le docteur Mascaro, médecin du bey, était un savant distingué et un honnête homme. Très dévoué à Mohammed-Sadock, il avait le rare mérite de lui dire la vérité.

L'Italien Volterra ne jetait pas beaucoup d'éclat sur la mission dont il faisait partie ; c'est même tout ce qu'il convient d'en dire.

L'Autrichien Revoltella était un personnage secondaire et insignifiant.

Le 22 juin, à deux heures, Mustapha, en grand uniforme, et sa suite furent reçus officiellement à l'Élysée par M. le président de la République.

Aussitôt rentré au Grand-Hôtel, où l'avait reconduite l'introducteur des ambassadeurs, Son Excellence reçut la visite de M. Barthélemy Saint-Hilaire, ministre des affaires étrangères, et lui remit le grand cordon du Nicham-Iftikar.

Comme il traversait à pied la cour d'honneur

pour aller rejoindre sa voiture, courbé sous le poids de ses pensées, M. Barthélemy Saint-Hilaire tenait négligemment à la main sa croix du Nicham, tandis que le grand cordon tombait jusqu'à son soulier le long de son pantalon noir. Un valet de pied l'accompagnait avec l'écrin destiné à renfermer la décoration, et les personnes attablées au café de l'hôtel se divertissaient à ce spectacle inattendu.

Le Nicham-Iftikar n'inspira pas à tous nos concitoyens la même indifférence qu'à notre ministre des affaires étrangères, et j'ai souvenir de quelques demandes obséquieuses adressées à Mustapha par des personnalités que leur situation et leur mérite semblaient devoir rendre moins avides de ces sortes de distinctions.

Un illustre savant me saura gré de ne pas reproduire les termes dans lesquels il affirmait que le brevet du Nicham de deuxième classe serait la plus douce récompense de ses travaux, et honorerait en sa personne une docte société.

Mustapha-pacha visita successivement les monuments les plus sévères et les cafés-concerts les plus folâtres; il connut la vie parisienne sous ses aspects les plus variés, et partit le 15 juillet, après avoir contemplé les illuminations du 14.

Pour ceux de mes lecteurs qui tiennent à être

bien informés, je révélerai que la mission tunisienne prit place dans le wagon-salon n° 15, à 7 heures 15 m. du soir, et que le matin du même jour, un camion de la Compagnie P.-L.-M. avait emporté les bagages, comprenant vingt-quatre colis.

Mustapha n'était pas parti sans esprit de retour. Il est revenu parmi nous; il assiste aux séances de la Chambre et aux premières représentations des théâtres du boulevard; son fez rouge égaye les allées du bois de Boulogne.

Il s'est installé confortablement à Passy. Il y mène la grande vie de famille, telle que l'autorisent les mœurs de son pays.

LXXIX

Les cercles de Paris. — Le jeu.

Le préfet de police autorise les cercles, les surveille, et en ordonne la fermeture, s'il y a lieu.

Le préfet de police est censé n'autoriser que des associations de personnes ayant pour but de se rencontrer, de prendre leur repas et de lire les journaux en commun et, accessoirement, de se livrer, pour leur amusement, aux jeux dits de société.

Mais, à côté de ces associations, il existe à Paris de véritables maisons de jeu, ouvertes par des spéculateurs qui déguisent mal leur entreprise sous les apparences d'une réunion de gens du monde ou de commerçants.

Les industriels qui veulent ouvrir une maison de jeu s'adressent à quelques complaisants, derrière lesquels ils s'abritent et qui apparaissent comme les véritables fondateurs du cercle. On expose, dans la demande, que le besoin d'un cercle nouveau se fait sentir; ici ce sont les artistes; ailleurs ce sont les escrimeurs; ailleurs encore ce sont les francs-maçons, qui, pour le bien commun, ont compris la nécessité de se rencontrer et d'échanger leurs vues d'avenir et de progrès. Il est bien entendu que la politique est étrangère à la nouvelle association, et que si des tables de jeu doivent être placées dans les salons, c'est uniquement parce qu'il n'est guère possible de refuser à une réunion d'hommes cette sorte de concession.

La préfecture de police n'est pas dupe de ces apparences; mais elle pense qu'il faut faire la part du jeu. Elle procède à une enquête, et si les noms des membres du comité fondateur paraissent honorables, si les personnes qui se dissimulent derrière le comité ne se sont pas déjà trop gravement compromises dans des entreprises du même genre, l'autorisation peut être accordée.

Suivant les temps, le préfet se montre plus ou moins récalcitrant. A la suite de certains scandales, et après des campagnes faites par la presse, le préfet résiste opiniâtrement à la concession de toute autorisation nouvelle. Puis, quand le souvenir des abus s'est effacé, quand l'orage soulevé par l'indignation un peu factice des feuilles publiques s'est apaisé, le préfet devient plus indulgent; le moment est opportun pour de nouvelles tentatives.

C'est surtout à l'arrivée d'un nouveau préfet de police que l'occasion est favorable pour présenter les demandes d'autorisation, et c'est aussi en ces occasions que les demandes se multiplient.

Un nouveau préfet n'est pas en garde contre les petites habiletés destinées à surprendre son inexpérience. Son attention, d'ailleurs, est absorbée par les côtés politiques de sa fonction; puis il a le désir de plaire, et ce n'est généralement pas par des refus qu'il veut marquer ses débuts.

Aussi voit-il apparaître dans son cabinet les messagers les plus divers. C'est une femme aimable que son rang dans le monde défend contre la supposition injurieuse d'un mobile intéressé, et qui n'aurait point accepté d'appuyer une demande en autorisation de cercle si elle n'en avait été priée par des amis dont elle répond comme d'elle-même. C'est un conseiller municipal qui n'obéit qu'à ses sentiments démocratiques et à son dévouement à la cause du progrès; il laisse entendre d'ailleurs qu'il sera reconnaissant quand viendra le moment de voter le budget. C'est un collègue, c'est un député qui, avec d'autres représentants du peuple, a creusé l'idée féconde de réunir en un cercle, avec les membres du Parlement, les hommes intelligents qui sauront deviner et apprécier les avantages de certaines fréquentations. Les fonctionnaires voudront tous être du « Cercle du Parlement » : la partie de billard avec les députés, en ce temps d'omnipotence parlementaire, n'est-elle pas le chemin le plus court d'une sous-préfecture à une préfecture, voire même d'un siège de juge à un fauteuil de président? Les agents de change, les coulissiers, les spéculateurs s'empresseront de solliciter leur admission; car « dans leurs conversations avec les membres des deux Chambres, ils puiseront d'utiles renseignements pour leurs opérations au parquet ou à la coulisse. »

On croirait que je m'abandonne aux caprices d'une imagination irrespectueuse et désordonnée si je n'avais pris soin de mettre en guillemets cette dernière phrase, extraite d'un prospectus auquel des collègues avaient attaché leurs noms.

Si on leur objecte qu'ils patronnent une maison de jeu, la jolie femme a des étonnements naïfs et le conseiller municipal des protestations indignées.

La vérité, c'est que ces intermédiaires, qui viennent essayer sur l'esprit du préfet l'empire de séductions si diverses, ont reçu la promesse de quelques billets de mille francs et d'une part dans les bénéfices.

Parfois aussi le solliciteur est le futur président du cercle. Il apporte, dans l'association, sa réputation d'honnête homme, son ruban de la Légion d'honneur, le souvenir de ses anciennes fonctions. Cet apport n'est pas toujours évalué à un taux bien élevé ; on a vu d'honnêtes gens, à la recherche d'une position sociale, accepter les lourdes responsabilités de la présidence, moyennant une modeste rétribution mensuelle, avec la faculté de prendre gratuitement leurs repas à la table du cercle et d'amener des invités.

Les cotisations étant illusoires, c'est la *cagnotte* qui payera les frais généraux, les repas offerts aux invités et l'indemnité de l'honorable président.

Il faut que le jeu rapporte. A cet effet, les salons seront ouverts à tout venant. Je me rappelle avoir ordonné la fermeture d'un cercle qui, après minuit, était communément fréquenté par les cochers, les maîtres d'hôtel et les valets de chambre du quartier. Quand le commissaire de police notifia mon arrêté, il se heurta à un repris de justice, en état de vagabondage, profondément endormi sur une banquette. Ne sachant où trouver un abri, cette victime de la justice humaine était venue chercher dans les salons de jeu un gîte hospitalier. Le cercle était d'ailleurs présidé par un député.

Le « gérant » s'abstient d'ordinaire de participer à la partie, et la crainte de la fermeture explique sa réserve. Cependant, lorsque la « présence des « pigeons » est signalée, il arrive que le gérant ne résiste plus au désir d'avoir sa part de plumes.

Si les cercles les plus honnêtes ne réussissent pas toujours à se défendre contre les joueurs trop habiles pour qui la *portée* et les *cartes biseautées* n'ont plus de mystères, les cercles

« ouverts » sont pour les « grecs » la véritable patrie.

Les individus qui trichent au jeu forment une légion, depuis le prestidigitateur qui fait sauter la coupe, jusqu'au petit « ponte » qui se borne à avancer sur le tapis une pièce de cent sous ou de vingt francs, suivant l'importance de la partie, dès qu'il s'aperçoit que le banquier a perdu sur son « tableau ».

On se rappelle un honorable sénateur — les sénateurs et les députés sont toujours honorables — qui doublait ses vingt-cinq francs par jour en pratiquant « la poussette ».

Ce membre du « grand Conseil des Communes » avait sans doute, comme tant d'autres, commencé par perdre honnêtement son argent ; puis il avait fini par appeler l'art à son secours pour combattre l'injustice du hasard.

Comme les femmes galantes, les grecs sont nés vertueux.

> Qui sait à quel fardeau la pauvre âme succombe ?

Dans leur monde, il leur est beaucoup pardonné, quand ils ont beaucoup perdu.

J'ai eu entre mes mains une liste de quinze cents grecs. Mais les renseignements les plus précis sur ces compatriotes de Socrate et d'Aristote ne suffisent pas pour les livrer à la justice ; il faut qu'ils aient été mis en flagrant délit, qu'ils aient été dénoncés et que leur escroquerie soit prouvée par des témoignages précis et honorables. Ces circonstances se rencontrent rarement ; dans certains cercles, le grec qui s'est fait prendre est simplement invité à ne pas recommencer.

Je ne saurais dire tous les signes particuliers auxquels on peut reconnaître ces chevaliers de l'Hellade. Mais je mets en garde mes lecteurs contre tout individu qui, dans les cercles, se dit l'ami du préfet de police.

S'il prend cette qualification, c'est peut-être pour obtenir plus facilement du gérant des avances, en échange de sa prétendue protection ; mais il est rare qu'il ne cumule pas ce genre d'escroquerie avec l'art de tricher au jeu.

Je ne voudrais pas mettre dans l'embarras les amis que mon honorable successeur peut avoir dans les cercles de Paris, ni les placer dans l'alternative de se rendre suspects ou de renier leur amitié. Je m'empresse donc de reconnaître qu'à toutes les règles il y a des exceptions ; mais je n'insiste pas moins dans mes conseils de méfiance, et je cite un fait à l'appui.

Le 1ᵉʳ septembre 1879, je reçus une lettre ainsi conçue :

« Paris, lundi.

» Mon cher ami,

» Tu as fait fermer le cercle de l'Exposition : c'est une bonne note, quoique le président *fût un républicain*.

» Il y a, tout à côté, un cercle pire : le *Gaulois*, boulevard des Capucines, 8, je crois. Outre qu'il est le repaire et le gagne-pain de quelques vilains bonapartistes, il s'y passe des choses assez malpropres.

» Quand on a gagné, on ne trouve pas à y changer les jetons, ce qui est une connivence entre le garçon des jeux et les gérants du cercle, connivence qui fait durer le jeu et par suite le bénéfice de la cagnotte. Quand on a perdu, le garçon avance des jetons sur gage à des taux exorbitants.

» Puis, il y a des grecs de la haute, tels que P. L..., et des invités de passage qui nettoient régulièrement les poches des malheureux joueurs.

» Mêmes faits, et mêmes visites fréquentes de la haute philosophie au cercle de l'Opéra, 23, rue de la Paix. Prouve que l'égalité devant la loi n'est pas un vain mot.

» Un vieux ami de collège décavé.

» Tristan S...,
» Des Brotteaux. »

Je ne connaissais aucun « Tristan S... » et l'écriture de la lettre m'était également inconnue.

Je chargeai M. Brissaud de procéder à une enquête. Cet officier de paix avait alors dans ses attributions la surveillance des cercles.

On apprit qu'au mois de mai précédent un sieur B..., plus connu sous le nom de baron Alphonse de M..., joueur suspect qui fréquentait le cercle Gaulois, avait un soir proposé à un garçon de ce cercle de lui donner une médaille en or en échange de deux louis. Le garçon l'avait renvoyé au croupier, prétendant n'avoir pas d'argent.

Le baron M... s'adressa alors à plusieurs membres du cercle, auprès desquels il ne fut pas plus heureux.

On recueillit des témoignages desquels il résultait que le baron prétendait être en fort bons termes avec le préfet de police. Il se disait son camarade de collège et exploitait les relations qu'il soutenait avoir, en menaçant d'obtenir la fermeture des cercles dont les gérants lui refusaient des avances d'argent.

Ses manœuvres n'avaient pas eu de succès; il s'était fait chasser du cercle Gaulois et peu après du cercle de l'Opéra.

Ces indices furent facilement complétés par l'examen du dossier du faux baron. On y trouva un spécimen de son écriture, qui était précisément celle de la lettre anonyme. Les renseignements qui le concernaient le représentaient comme un grec. Il venait d'abord d'être condamné, par la huitième chambre correctionnelle, à six mois de prison et cinq cents francs d'amende.

L'indignité du dénonciateur, sans être un brevet de moralité pour les cercles qu'il accusait, n'était pas le seul motif pour faire écarter sa plainte.

Le cercle Gaulois, alors qu'il s'appelait *Cercle des marchands tailleurs*, avait fréquemment attiré l'attention de l'administration, et le service des jeux l'avait plusieurs fois signalé. Mais, à la date de la lettre anonyme, il paraissait plus convenablement géré. On ne reprochait guère aux administrateurs que de tolérer de la part des membres de trop nombreuses invitations.

Le cercle Gaulois était géré par M. Provost,

ancien croupier de Dupressoir, et généralement estimé dans le monde des joueurs.

Composé d'artistes, de négociants et de quelques boursiers, il était présidé par M. le marquis de la Cornillère-Narbonne.

Le cercle de l'Opéra, après un premier refus, avait obtenu l'autorisation le 27 août 1877. Il avait dû bientôt fermer ses salons; mais il avait obtenu une autorisation nouvelle le 28 mai 1878.

Géré, dans la première période de son existence, par M. Devriès, dont le nom n'était pas vu avec faveur par l'administration, il avait pour gérants MM. Gorges et Minard.

Les nouveaux gérants avaient cherché à épurer le personnel de ce cercle; mais leurs efforts n'avaient réussi qu'à moitié. Ils étaient fort éloignés d'en avoir expulsé tous les grecs, et ils ne paraissaient pas devoir facilement effacer le mauvais renom que le cercle de l'Opéra s'était acquis durant la gérance de M. Devriès.

Il eût été sans doute exagéré de comparer au cristal la réputation des successeurs de M. Devriès; mais ils avaient du moins la bonne fortune d'avoir pour président M. Maud'huy, capitaine en retraite, officier de la Légion d'honneur, qui s'était laissé entraîner à mettre un petit capital dans l'affaire.

Si nous passions la revue de tous les cercles de jeu qui jouissent à Paris de l'autorisation préfectorale, nous aurions à reproduire à peu près, à l'occasion de chacun d'eux, les mêmes observations. Partout nous constaterions que, parmi les invités de passage, trop facilement admis, se glissent de nombreux chevaliers d'industrie.

Ce n'est pas une raison pour fermer tous les cercles de jeux. Il suffit de les surveiller et de faire de temps en temps quelques exemples. Une rigueur absolue n'aurait d'autres conséquences que de substituer le jeu clandestin au jeu surveillé.

Le jeu, comme la débauche, a ses maisons de tolérance ; mais, pour que le public ne s'abusât pas sur l'effet de la surveillance administrative, il faudrait, sur les unes comme sur les autres, écrire en gros caractères : S. G. D. G.

LXXX

Police municipale.

M. Ranc, alors conseiller municipal de la ville de Paris, s'exprimait en ces termes le 27 mars 1872 :

« Tant que la préfecture de police existera, Paris n'aura pas de police municipale digne de ce nom... Cela ne paraît pas étonnant, si l'on se reporte à la pensée qui a présidé à la fondation de la préfecture de police... C'est la corruption organisée, et cela ne peut exister dans un gouvernement libre. »

La préfecture de police n'a pas toujours existé; Paris a eu une véritable police municipale; ce n'était pas la « corruption *organisée*, » mais c'était bien la corruption, et le document suivant, quoiqu'il date de l'an VI, permet d'apprécier ce qu'était devenue la ville de Paris après la suppression du lieutenant général de police et sous l'administration de la municipalité.

RAPPORT DE POLICE
SUR
L'ÉTAT MORAL DE PARIS EN L'AN VI
LIBERTÉ — ÉGALITÉ

Paris, le 5 prairial an VI de la République française une et indivisible.

Le commissaire du pouvoir exécutif près le bureau central du canton de Paris, au citoyen Merlin, président du Directoire exécutif.

Citoyen président,

Paris jouit de la plus parfaite tranquillité,

mais on ne peut se dissimuler qu'elle coûte bien cher à la République, puisqu'elle n'existe qu'aux dépens des mœurs. Il est impossible de se faire une idée de la dissolution et de la dépravation publiques. Les ouvriers fêtent actuellement quatre jours par décade, et des pères de famille, consumés de besoins, ne craignent plus de sacrifier le produit de leurs travaux décadaires pour se procurer ces plaisirs factices qu'offrent la foule des bals, cafés, tripots et cabarets qui infectent cette commune, plaisirs qui ne laissent dans l'âme de ces citoyens qu'un vide affreux, le dégoût du travail et la démoralisation la plus complète.

Le palais dit Égalité, toujours *Palais-Royal*, est, depuis une quinzaine de jours surtout, le rendez-vous de ce que la plus audacieuse obscénité offre de révoltant. Les pédérastes s'y sont établis et, vers dix heures du soir, ils exécutent publiquement, sous les auvents du cirque, les actes odieux de leurs infâmes turpitudes. Il faut tout vous dire, citoyen président : on vient d'amener au bureau central plusieurs enfants du sexe masculin, dont le plus âgé avait à peine six ans, tous infectés de virus vénérien. Ces petits malheureux, dont on ne peut entendre les propos sans frémir d'horreur, sont amenés au palais par leurs mères pour servir d'instruments à la plus horrible débauche.

Les leçons de l'exécrable roman de *Justine* sont mises en pratique avec une audace qui n'eut jamais d'exemple, et les efforts de la garde sont presque impuissants contre cette tourbe pestiférée de scélérats de toute espèce. L'infortuné Bosserole, père de famille et marchand limonadier, au coin des rues Denis et des Prêcheurs, a une petite fille âgée de dix ans, que des brigands débauchés lui avaient enlevée depuis quelques jours; elle vient de rentrer tellement frappée de la maladie vénérienne que les gens de l'art l'on jugée incurable. Quelques efforts qu'aient faits les parents, ils n'ont encore pu découvrir le monstre qui a mis leur enfant dans un semblable état.

La prostitution parmi les femmes est à son comble; il n'est pas à la connaissance du plus ancien inspecteur de police d'avoir jamais vu une aussi grande quantité de filles publiques. La Petite Force, le dépôt du bureau central, tout en regorge, et les administrateurs se voient contraints de former un autre dépôt à la Franciade. Les citoyens Cousin et Milly ont été visiter hier le local avec un architecte. Il est très commun d'être arrêté par des petites filles de sept à huit ans.

Citoyen président, les lois de police correctionnelle sont insuffisantes pour ces sortes de délits. Le flagrant délit n'est pas assez clairement exprimé, et l'embarras des tribunaux assure l'impunité des coupables. Il est temps cependant d'arrêter ce débordement affreux, qui finirait par entraîner les institutions républicaines et la République elle-même.

Les royalistes sourient de cette dépravation, ils sentent combien cet esprit de dissolution qui s'introduit dans toutes les classes de la société fait rétrograder l'esprit républicain et forme contraste avec les vertus civiques, soutiens de la République. D'un autre côté, on calomnie le gouvernement qui tolère de pareilles horreurs, et le perfide et intolérant catholicisme profite adroitement de ces circonstances pour s'apitoyer sur le sort de la Religion, qui, étant persécutée, dit-il, ne peut plus mettre un frein salutaire à tous ces déportements.

Il faut vous dire encore que les vols et les assassinats, fruits cruels du défaut des mœurs, sont plus nombreux que jamais. Tous les jours, on découvre des preuves de ces crimes.

Je provoque de tout mon pouvoir les mesures les plus propres à arrêter ce fléau destructeur; mais, je vous l'avoue, citoyen président, les moyens du bureau central sont insuffisants. Ses officiers de paix, en grande partie, et la plupart de ses inspecteurs, sont tellement corrompus, que loin d'arrêter le désordre, ils contribuent à l'augmenter. Ils mettent les filles, les jeux et les tripots à contribution, et tolèrent leur infâme commerce de la façon la plus scandaleuse. L'administration est composée d'honnêtes gens, mais elle est sans vigueur, sans énergie, et ne connaît que la routine. Ses agents lui font la loi et la conduisent comme une enfant : les rapports les plus insignifiants lui sont faits, et elle y croit avec une confiance aussi ridicule que funeste aux mœurs et à la tranquillité.

La position financière du bureau central contribue encore à aggraver le mal : il est dû aux agents intérieurs, extérieurs et employés, six mois d'appointements. Vous sentez, citoyen président, qu'ils sont d'autant plus faciles à corrompre que leur dénuement est grand.

Venir à leur secours est non seulement une justice, mais encore une politique essentielle dans toutes les circonstances possibles.

Voilà ce que j'ai cru urgent de vous faire savoir.

Salut et respect.

Signé : Picquenard.

Il serait injuste de faire remonter au bureau central et au Directoire la responsabilité de l'état de choses décrit par le citoyen Picquenard.

Le bureau central ne faisait que recueillir la lourde succession des administrations purement municipales qui l'avaient précédé.

Les mêmes causes produisent les mêmes effets. Si le conseil municipal en 1885, était chargé de recruter et de diriger le personnel de la police, nous reviendrions d'un pas rapide aux turpitudes que le commissaire près le bureau central dénonçait à Merlin de Douai.

Comment pourrait-il en être autrement? Je ne veux contester ni la compétence des élus de Paris, ni leur dévouement au bien public ; mais, quelle que soit l'honnêteté de leurs intentions, leur origine même les met dans l'impuissance d'exercer avec autorité les fonctions de police.

A peine élus, les conseillers municipaux songent à leur réélection, peut-être même aspirent-ils à un mandat rétribué. Le but que poursuit leur ambition, si modeste qu'elle puisse être, exige des ménagements envers les électeurs. Il importe surtout de compter avec les membres des comités. Si les grands électeurs, si leurs cousins, si leurs amis commettent une infraction, les conseillers municipaux chargés de la police fermeront les yeux ou supprimeront les procès-verbaux.

Il ne suffira pas d'être indulgent pour les électeurs et pour leurs protégés, il faudra encore récompenser leur zèle. Par le nombre et la diversité des emplois dont elle dispose, par l'importance de ses cadres, la police semble ouverte à toutes les ambitions.

Tous les citoyens ne peuvent prétendre aux fonctions de la magistrature, de l'enseignement ou de la diplomatie. Il est facile de repousser les demandes inconsidérées par une exception tirée du défaut d'aptitudes ou de grades universitaires. Mais que répondre à un solliciteur qui veut entrer dans la police?

Ne croyez pas que les électeurs voudront rester maçons, serruriers ou charpentiers, surtout en temps de chômage — ni joueurs de bonneteau, ni souteneurs de filles : tous voudront être de la police.

Les agents d'affaires poseront leurs candidatures aux commissariats, les officiers de santé voudront exercer leur art dans les prisons ou éclairer de leurs lumières le conseil d'hygiène ; les gérants de cercles fermés demanderont la surveillance des jeux, et les alphonses invoqueront leur expérience pour entrer dans le service des mœurs.

Et si, pour le centenaire de la Révolution française, après les belles réformes dont on veut nous doter, quelque honnête commissaire fait son rapport sur l'état moral de Paris, il faut craindre qu'il ne dise, comme son prédécesseur de l'an VI :

« Les officiers de paix et la plupart des inspecteurs sont tellement corrompus, que, loin d'arrêter le désordre, ils contribuent à l'augmenter. Ils mettent les filles, les jeux et les tripots à contribution, et tolèrent leur infâme commerce de la manière la plus scandaleuse. L'administration est sans vigueur et sans énergie. Ses agents lui font la loi et la conduisent comme une enfant. »

LXXXI

Le conflit du préfet de police avec le conseil municipal.

Les idées exprimées au chapitre précédent n'avaient pas cours au conseil municipal de Paris en l'an 1881.

Les autonomistes voulaient un maire élu par les conseillers municipaux, dirigeant la police sous leur contrôle et sous leur inspiration.

Les opportunistes s'accommodaient d'un préfet de police, à la condition qu'il consentît à être une sorte de ministre responsable devant le conseil, devenu un petit Parlement.

Je ne crus devoir ni préparer les voies au maire de Paris, ni accepter, pour le représentant de l'État, une situation subordonnée. De là d'incessantes difficultés qui devaient aboutir à un conflit.

Loin de redouter ce dénouement, je le croyais nécessaire. Je considérais que Paris, siège des pouvoirs publics et des représentants des puissances étrangères, n'était point une ville municipale, qu'il appartenait à la nation plutôt qu'aux Parisiens, et qu'en échange des avantages résultant de sa situation de capitale, il devait renoncer à la vie communale pour être administré au nom du pays par des fonctionnaires et par une assemblée ne représentant que l'État.

Le gouvernement d'alors ne me paraissait pas très éloigné de cette manière de voir, et, pour l'y amener tout à fait, il pouvait suffire que le conseil, mettant à exécution des menaces réitérées, refusât de voter le budget de la préfecture ou rompît toute relation avec le préfet.

J'en étais venu à envisager cette éventualité comme une crise nécessaire par laquelle il fallait passer pour arriver à l'affranchissement de la préfecture de police, et je préférais le risque d'y perdre ma fonction à la certitude de la pouvoir longtemps conserver en acceptant une sujétion inconciliable avec les intérêts dont j'avais la charge.

C'est dans cet état d'esprit que me trouva, au mois de mars 1881, la demande d'interpellation de M. Depasse sur l'état général de la sécurité publique à Paris.

M. Depasse, l'un des conseillers récemment élus, n'appartenait point au groupe de l'autonomie communale; il n'avait aucun dessein d'ébranler l'institution même de la préfecture de police; mais à l'approche des élections législatives, il croyait opportun de dégager, de celle d'un préfet impopulaire, la cause de ses amis.

C'était le temps où M. Gambetta me donnait l'assurance de ses bons sentiments le lendemain de chaque article paru contre moi dans la *République française*. Les questions électorales primaient toutes les autres; il n'eût pas été politique de laisser les autonomistes exploiter à leur seul profit l'impopularité de la préfecture de police, et une interpellation, portée à la tribune municipale par l'un des représentants autorisés de l'opportunisme, arrivait à point pour seconder l'action des journaux et donner au parti l'attitude qu'il convient d'avoir devant le peuple quand va s'ouvrir le scrutin.

La bataille s'engagea sur la fixation du jour où serait discutée l'interpellation de M. Depasse.

Je demandai la parole et je m'exprimai à peu près en ces termes :

« Messieurs, lorsque j'ai eu l'honneur d'être appelé à diriger la préfecture de police, j'ai trouvé établi entre le conseil et mes prédécesseurs un usage à la continuation duquel je me suis prêté volontiers : c'est celui qui consiste à adresser des questions au préfet de police.

» J'y ai trouvé l'occasion de donner au conseil et à la population d'utiles renseignements, et de répondre, dans l'intérêt même de mon administration, aux attaques de la presse et aux préoccupations de l'opinion.

» Je ne demande pas mieux que de persister dans cet usage, et de me prêter au désir bien naturel d'interroger le préfet que peuvent avoir les honorables membres du conseil.

« Je ne me laisserai même pas arrêter par la qualification un peu ambitieuse d'interpellation donnée aux questions des honorables membres, s'il n'y avait pour les interrogateurs qu'une préférence de mots et si des exemples récents n'attestaient la volonté de donner au mot interpellation son sens parlementaire et de clore le débat par un vote d'approbation ou de blâme.

» Le conseil municipal n'est pas un Parlement; le préfet de police n'est pas un ministre responsable devant cette assemblée. Le représentant de l'État ne saurait être responsable devant les élus de la commune. Je ne puis donc, messieurs, poser devant vous des questions de confiance, ni me prêter aux délibérations et aux votes qu'elles impliquent.

» Déjà le gouvernement s'est vu dans la nécessité d'annuler vos délibérations quand vous avez voté des ordres du jour de blâme contre certains actes de l'administration. Si j'acceptais le débat dans les termes où il est proposé par l'honorable M. Depasse, je méconnaîtrais les droits respectifs du conseil et du représentant de l'État, tels que la loi les détermine, et j'aurais la responsabilité d'avoir placé le gouvernement dans la nécessité toujours pénible d'annuler encore une fois vos délibérations.

» Je répète que je ne veux pas me soustraire à l'usage de questionner l'administration. Le conseil a usé largement de cette faculté et je ne prétends pas la lui retirer; mais, si les questions doivent se clore par des ordres du jour et se transformer ainsi en véritables interpellations, elles excéderaient le droit du conseil, et j'ai le regret de ne pouvoir m'y prêter. »

Après une discussion à laquelle prirent part MM. Depasse et de Lanessan, le conseil, à la majorité de 54 voix contre 2, la droite s'étant abstenue, vota l'ordre du jour suivant :

« Le conseil, affirmant son droit d'adresser à l'administration des questions ou des interpellations se terminant par des ordres du jour de blâme ou de confiance, passe à l'ordre du jour et fixe à mardi prochain la demande d'interpellation de M. Depasse. »

Le mardi vint, et, n'ayant pas accepté le rendez-vous du conseil, je rappelai, par la lettre suivante, que je croyais devoir m'abstenir de m'y rendre :

« Monsieur le président,

» Lorsque l'honorable M. Depasse a demandé à m'interpeller sur « l'état général de la sécurité « publique à Paris », j'ai fait connaître au conseil municipal que je n'acceptais pas cette interpellation. J'en ai dit les motifs, et j'ajoute que je suis chargé d'assurer la sécurité de Paris sous la seule autorité des ministres.

« **Malgré mes observations, l'interpellation de M. Depasse ayant été maintenue à l'ordre du jour**, je vous prie de vouloir bien faire connaître au conseil que j'aurai le regret de ne pas assister à la séance.

» Veuillez agréer, etc...

» Andrieux. »

Le conseil répondit à cette lettre par le vote d'un ordre du jour ainsi conçu :

« Le conseil municipal,
» Considérant qu'il avait fixé à son ordre du jour une interpellation sur la sécurité de Paris;
» Que cette interpellation rentre incontestablement dans les attributions du conseil;
« Que le préfet de police refuse d'y répondre;
» Que ce refus constitue un manquement à ses devoirs et une atteinte aux attributions du conseil;
» Que l'administration de M. Andrieux ne saurait présenter des garanties suffisantes à la sécurité de Paris;
» Passe à l'ordre du jour. »

Après le vote de cet ordre du jour, M. Maillard émit le vœu « que le pouvoir exécutif appelât à la tête de la préfecture de police, *en atten-*

dant sa suppression, un fonctionnaire plus dévoué aux intérêts de la cité. »

A la demande de M. de Héredia, le conseil ne statua pas sur le vœu de M. Maillard ; mais sa réserve n'avait rien de sympathique, car elle était uniquement motivée par le désir « de ne pas affaiblir la portée du vote précédent. »

Qu'allait faire le gouvernement ?

L'hésitation n'était pas possible. Donner tort au préfet de police, c'eût été incliner le droit de l'État devant les prétentions de la commune.

Au début de la séance du 29 mars, M. le secrétaire général de la préfecture de la Seine donna lecture du décret suivant :

Le président de la République française,
Sur la proposition du ministre de l'intérieur et des cultes ;
Vu la loi du 14 avril 1871 ;
Vu la délibération prise par le conseil municipal de Paris, dans sa séance du 22 mars 1881, et qui porte :
« Le conseil municipal, considérant qu'il avait fixé à son ordre du jour une interpellation, sur la sécurité de Paris ; que cette interpellation rentre incontestablement dans les attributions du conseil ; que le préfet de police refuse d'y répondre ; que ce refus constitue un manquement à ses devoirs, et une

atteinte aux attributions du conseil; que l'administration de M. Andrieux ne saurait présenter des garanties suffisantes à la sécurité de Paris, passe à l'ordre du jour. »

Considérant qu'aux termes de l'article 2 de l'arrêté des consuls du 12 messidor an VIII, qui détermine les fonctions du préfet de police, ce magistrat exerce ces fonctions, soit de police générale, soit de police municipale, sous l'autorité immédiate des ministres;

Qu'en conséquence, le préfet de police pouvait ne pas répondre; considérant, en outre, qu'en qualifiant l'attitude, en blâmant les actes d'un fonctionnaire qui n'est pas responsable devant lui, le conseil municipal de Paris a excédé ses pouvoirs et que sa délibération tombe sous le coup de l'article 14 de la loi du 14 avril 1871, décrète:

Est déclarée nulle la délibération susvisée, prise le 22 mars 1881, par le conseil municipal de Paris.

Signé : Jules Grévy.

Une vive émotion suivit la lecture de ce décret. La séance fut suspendue.

On remarquera que le décret annulait la délibération du 22 mars, mais qu'il laissait subsister celle du 19, par laquelle le conseil avait affirmé son droit d'adresser au préfet des interpellations suivies d'ordres du jour de blâme.

Le décret avait été préparé au ministère de l'intérieur par les soins de M. Camescasse, directeur de l'administration départementale et communale, que les adversaires du préfet de police désignaient déjà comme devant être son successeur.

Le ministre de l'intérieur et M. Camescasse avaient cru nécessaire de donner tort au conseil municipal; mais, d'autre part, il avaient pensé qu'il convenait de ne pas donner trop complètement raison au préfet de police. On avait fait remarquer à ce fonctionnaire que l'ordre du jour du 19 mars, quels qu'en fussent les « considérants », se bornant, en son dispositif, à fixer la date d'une interpellation, n'avait pas une suffisante importance pour être annulé; de là ce décret, ni chien ni loup, qui devait donner une moitié de satisfaction au préfet et l'autre moitié aux municipaux.

Les habiles du conseil eurent bien vite saisi le côté faible du décret, et ils ne manquèrent pas de le mettre en relief dans l'ordre du jour suivant, dont le farouche citoyen Jules Roche donna lecture à la reprise de la séance :

« Le Conseil,
» Considérant que le conseil municipal de Paris vote le budget de la préfecture de police, dont les dépenses s'élèvent à 22 millions de francs;

» Considérant que c'est un principe supérieur de droit public que les assemblées qui votent les dépenses ont le devoir et le droit d'en contrôler l'emploi et que ce contrôle ne peut être exercé par le conseil municipal sans la faculté d'adresser au préfet de police toutes questions et interpellations relatives au service essentiellement municipal de la sécurité générale de Paris ;

» Constate que l'ordre du jour voté le 19 mars 1881, par lequel le conseil municipal a déclaré maintenir son droit d'interpellation, suivi d'ordre du jour motivé, n'a pas été l'objet d'un décret d'annulation et subsiste tout entier ;

» Exprime le plus vif regret que les relations du conseil avec le préfet de police soient devenues difficiles au point de nuire à la bonne administration des affaires municipales, et signale au gouvernement l'impossibilité de laisser durer plus longtemps cette situation fâcheuse. »

Soixante-cinq votants adoptèrent cet ordre du jour.

Dès le lendemain, tandis que toute la presse radicale mettait le gouvernement en demeure de choisir entre ma révocation et la dissolution du conseil, la presse opportuniste m'engageait, avec les précautions oratoires les plus délicates, à donner ma démission.

« M. Andrieux, disait le *Voltaire*, comprendra lui-même qu'il y va de sa dignité de ne pas attendre qu'on lui demande sa démission...

» Dans le cas qui a amené le dernier conflit, M. Andrieux avait strictement et légalement raison ; mais l'usage lui donnait tort, et il a surtout péché par la forme. Il s'est ainsi placé dans cette situation de forcer même ceux qui lui étaient favorables à lui devenir hostiles, et actuellement le conflit existe, non pas entre le préfet de police et une fraction du conseil municipal, mais entre le préfet et toute la majorité républicaine du conseil. »

Si les organes officieux de M. Gambetta m'engageaient à me démettre de mes fonctions, je dois dire qu'aucun des ministres ne m'adressa la même invitation.

Dans les conseils du gouvernement, on n'estimait pas que le préfet se fût placé dans l'alternative de « se soumettre ou de se démettre », et l'on examinait si la véritable solution du conflit ne pouvait pas être dans une législation nouvelle, ayant pour but de soustraire à l'examen du conseil municipal le budget de la préfecture de police pour le rattacher au budget général de l'État.

Mais, tandis que les ministres délibéraient, les conseillers municipaux appelaient à leur aide les auditeurs des réunions publiques.

L'élu du quartier de Bercy, le citoyen Jules Roche, faisait à l'Élysée-Montmartre une conférence sur « le Conflit de la préfecture de police. Entrée : 50 centimes. »

Après un long discours sur le budget de la préfecture et sur la loi du 12 messidor an VIII, l'orateur se livra à une charge, digne de Reischshoffen, contre les électeurs de l'Arbresle, des paysans indignes de comprendre la grandeur du conseil élu par cette ville de Paris sans laquelle la République n'existerait pas.

Il déclarait, aux applaudissements de l'assistance, que ses plus chers désirs seraient réalisés quand la police serait entre les mains d'un maire élu et que les gardiens de la paix ne seraient plus armés :

« En effet, citoyens, disait-il, c'est par la force morale qu'il faut faire la police. Avec une population aussi honnête et aussi républicaine que la vôtre, la charger de maintenir l'ordre, c'est pouvoir en répondre. »

La séance fut levée aux cris répétés de : « Vive la Commune ! A bas Andrieux ! »

Encouragés par ces manifestations, les conseillers municipaux se constituèrent en comité secret et décidèrent qu'ils rompraient désormais toutes relations avec le préfet de police, résolus à n'examiner aucun des dossiers qui pourraient leur être envoyés par ce fonctionnaire.

Cette résolution virile ne suffit point à Mlle Louise Michel, et dans la *Révolution sociale*, sans égard pour ma qualité de bailleur de fonds, elle écrivit :

« La basse canaillerie du sbire Andrieux ne doit pas lui faire oublier que Ryssakoff peut avoir des élèves.

« Disons-le franchement : le préfet de police ne mérite pas d'autre sort. »

LXXXII

L'interpellation des députés de Paris.

Les députés de la Seine ne pouvaient s'abstenir de porter devant le Parlement la question de la préfecture de police.

Une demande d'interpellation fut déposée en leur nom sur le bureau de la Chambre. Toutefois, deux députés de la banlieue, MM. Camille

Sée et Bamberger, refusèrent de s'y joindre.

L'interpellation fut développée par M. Pascal Duprat.

Orateur élégant, semant son discours d'épigrammes plus spirituelles qu'acérées, M. Pascal Duprat employa les ressources de son beau langage à restreindre le débat à une question de personne.

Il s'apitoya sur les responsabilités imméritées du ministre de l'intérieur, qui devait se demander souvent s'il n'était pas « le subordonné, plus que le chef de son très haut et très puissant subordonné. »

Il énuméra les qualités nécessaires à un bon préfet de police : la clairvoyance, la résolution, la souplesse.

L'orateur voulut bien m'accorder la résolution, estimant même que je l'avais avec excès ; mais il me contesta la clairvoyance, et ajouta que, quant à la souplesse, je protesterais si l'on m'accusait d'en avoir.

Je n'avais, suivant M. Pascal Duprat, compris de la préfecture de police que le côté militant, l'exagérant même par mon humeur belliqueuse. La révocation du préfet de police était nécessaire pour mettre fin au conflit.

M. Constans, ministre de l'intérieur, couvrit

son préfet, sans réticences ni réserves. On fut surpris de la netteté de son langage ; le déplaisir que lui avait parfois causé le caractère mal assoupli de son subordonné n'avait en rien altéré sa ferme revendication des droits qui appartiennent à l'État.

Reprenant l'historique des délibérations agressives du conseil municipal, il montra que chacune d'elles était un empiètement sur le domaine du pouvoir central, et que la tendance manifeste de la municipalité parisienne était d'imposer sa volonté au gouvernement de la France.

La majorité couvrit ce langage de ses applaudissements. Il n'est pas vrai, quoi qu'on en ait dit, que les députés aient un sentiment d'hostilité contre Paris; mais ils ont la jalousie, la crainte, disons même la haine de cette assemblée municipale qui s'élève à côté de la représentation nationale et prétend se régir par ses propres lois. Ce n'est jamais en vain qu'on fait appel à ce sentiment de la Chambre.

M. Benjamin Raspail intercala ensuite, sans qu'on ait jamais su pourquoi, une harangue diffuse sur les dépotoirs et les usines insalubres.

M. Floquet revint à la question et éleva le débat à la hauteur de son talent, un peu déclamatoire, mais toujours intéressant. Pratiquant l'oubli des aménités désobligeantes, c'est le seul souvenir que j'aie gardé de cet éloquent discours.

Je répondis à M. Floquet.

Pour ne pas m'exposer à faire de mes paroles une analyse suspecte de partialité, je prends dans le journal *la Convention* les appréciations de M. Sigismond Lacroix, alors président du conseil municipal :

La haine de Paris, c'est surtout M. Andrieux qui y a fait appel avec le plus grand cynisme, et il faut le dire, avec le plus grand succès. Il venait de rappeler le projet d'organisation municipale, qu'il désigne ainsi : « Une espèce de constitution tendant à l'autonomie communale, » et ayant ainsi agité devant la Chambre le spectre rouge, il continua en ces termes :

« Fonctionnaire de l'État, je devais défendre les droits de l'État. C'est la volonté nationale que je défendais dans la mesure des attributions qui me sont confiées, et que j'exerce sous le contrôle et les ordres d'un ministère appuyé sur vos suffrages ; c'est la volonté nationale que je défendais quand je demandais le respect de la loi, qui est la seule expression régulière de la volonté nationale, laquelle doit prévaloir contre la volonté particulière d'un conseil municipal, si considérable et si respectable qu'il puisse être. »

Et comme la Chambre ne paraissait pas très bien comprendre comment c'était la volonté nationale qui, sans être consultée, avait défendu à M. Andrieux de répondre à une interpellation de M. Depasse sur les attaques diurnes et nocturnes à Paris, M. Andrieux insista :

« Messieurs, là est la véritable position de la question ; ne cherchez pas dans le débat autre chose que ce qui y est : il faut savoir si le pas est à l'État ou s'il est au conseil municipal. (*Très bien ! Très bien ! — Applaudissements au centre et sur divers bancs à droite et à gauche.*)

» Serviteur dévoué depuis de longues années de la démocratie, j'estime que je suis dans le vrai principe démocratique lorsque je défends le gouvernement du pays par le pays contre ceux qui veulent le gouvernement du pays par les élus des quartiers de Paris. (*Très bien ! très bien ! — Protestations.*) »

Cette fois, on avait compris. La province, soulevée contre Paris par la perfide parole de M. Andrieux, se répandit en tels cris de colère que M. Casse lui-même laissa échapper ces mots :

« Vous faites une mauvaise action en disant cela : vous excitez à la haine... »

J'ignore pourquoi M. Andrieux a corrigé son discours à l'*Officiel*, mais je suis parfaitement sûr d'avoir entendu à ce moment prononcer le nom de : *Commune de Paris*, au lieu de « Conseil municipal », comme le porte l'*Officiel*. M. Andrieux a certainement dit :

« Il faut savoir si le pas est à l'État ou s'il est à la commune de Paris. »

Le spectre avait fait son effet. M. Andrieux avait cause gagnée. Paris était condamné.

Car il ne faut s'y tromper. Si la Chambre a accordé

à M. Andrieux un vote de confiance, ce n'est pas par sympathie pour lui ni par admiration pour sa conduite. La majorité aime peu M. Andrieux. Oui, mais M. Andrieux est un ennemi de Paris, il est l'ennemi de la population de Paris, ennemi de son conseil municipal, l'ennemi de sa députation : donc, M. Andrieux doit être maintenu. Il se pose en homme capable de mater Paris. Vive donc Andrieux, par haine et par peur de Paris.

L'honorable M. Sigismond Lacroix me prêtait, pour la ville de Paris, des sentiments qui n'ont jamais été les miens, comme aussi il abusait de la fiction légale lorsqu'il affectait de confondre Paris avec sa représentation municipale.

Dans la lutte que j'ai eu le regret de soutenir contre certains Ardéchois ou Strasbourgeois du conseil, M. Sigismond Lacroix sait bien que j'ai rencontré des sympathies ailleurs qu'à Carpentras.

Le président du conseil municipal avait raison de dire que j'avais « corrigé mon discours à l'*Officiel*. »

En effet, M. Gambetta, après la séance, me fit prier de changer cette phrase : « Il faut savoir si le pas est à l'État ou s'il est à la Commune de Paris. » C'est à sa demande que j'en ai modifié les derniers termes. M. Gambetta ne voulait pas qu'à l'approche des élections on réveillât le souvenir de la Commune.

Après une réplique de M. Brisson, qu'il faut honorablement mentionner, M. Spuller proposa à la Chambre un ordre du jour ainsi conçu :

« La Chambre,

» Convaincue de l'urgente nécessité d'apporter dans l'organisation de la préfecture de police des réformes depuis longtemps reconnues indispensables, mais désireuse avant tout de faire cesser le conflit survenu entre le conseil municipal et le préfet de police actuel,

» Invite le gouvernement à prendre les mesures nécessaires et passe à l'ordre du jour. »

Cette motion, qui, sous une forme parlementaire, invitait le gouvernement à me révoquer, fut repoussée par 354 voix sur 419 votants.

Ce qui est piquant à constater, c'est que, tandis que M. Gambetta, dans toute cette affaire, ne cessait de me prodiguer ses encouragements et ses témoignages d'approbation, ses amis et ses journaux se prononçaient hautement contre moi.

Comme Janus, l'opportunisme a deux visages.

LXXXIII

La réunion de l'Arbresle.

Stimulés par l'exemple des députés et des conseillers municipaux, mes électeurs, à leur tour, voulurent m'interroger. Je me rendis à leur invitation, et le dimanche 24 avril j'arrivais à l'Arbresle.

La journée pluvieuse n'avait pas empêché quinze ou dix-huit cents politiciens de se réunir dans la bâtisse municipale encore inachevée.

M. Fouilloux, maire de Saint-Cyr, président du comité central de la circonscription, me donna la parole, et je commençai en ces termes, si je m'en rapporte au compte rendu du *Courrier de Lyon* :

Mes chers concitoyens,

Depuis que vous m'avez fait l'honneur, en 1876, de me confier le mandat de vous représenter à la Chambre des députés, je me suis fait un devoir de venir le plus souvent possible me mettre en rapport et en communion d'idées avec vous.

Aujourd'hui, je viens vous trouver avec le désir

d'être interrogé et de répondre à toutes vos questions. Je ne vous apporte pas un discours préparé; je ne suis pas de ceux qui s'imaginent avoir rendu des comptes à leurs électeurs par cela seul qu'ils leur ont parlé. Je veux répondre à toutes vos questions, sans circonscrire le débat. Comme préfet de police, tenant ma fonction non de vos suffrages, mais du gouvernement, j'aurais certainement le droit strict de me soustraire aux interrogations relatives à l'exercice de cette fonction; mais il ne me convient pas de vous opposer de telles exceptions, je désire que tous mes actes politiques vous soient connus; je suis ici pour me prêter à vos investigations les plus complètes; je trouverai votre curiosité légitime, même si elle s'étend à ma vie privée; je ne me retrancherai pas derrière le fameux mur que l'honorable M. Guilloutet avait élevé sous l'empire. Au reste, il est singulièrement ébréché, le mur de ma vie privée. La presse l'a troué de ses boulets, et à travers les larges ouvertures qu'ils y ont laissées, le passant peut sans peine regarder les choses les plus intimes de mon existence.

Je ne parle pas d'ailleurs des attaques de la presse pour m'en plaindre; il m'est aujourd'hui plus facile que jamais d'être partisan de la liberté de la presse, car je n'ai plus rien à perdre à ses discussions. On a dit contre moi tout ce que pouvait inventer l'imagination la plus féconde et je crois avoir épuisé jusqu'à la lie la coupe de calomnie; je m'en trouve bien et je m'en sens fortifié.

Je ne vais pas reproduire ici toutes les questions qui me furent posées et toutes les réponses que j'y crus devoir faire. Je me borne à celles qui, se rattachant à l'exercice de ma fonction, me donnèrent l'occasion d'expliquer les motifs de quelques actes importants de mon administration :

QUESTION DE M. ANDRÉ

ÉLECTEUR A CHASSELAY

M. ANDRÉ interroge M. Andrieux sur le conflit qui s'est élevé entre lui et le conseil municipal de Paris.

M. FOUILLOUX fait observer qu'il s'agit des actes du fonctionnaire et que le collège électoral n'a point à s'en occuper.

M. ANDRIEUX. — Messieurs, l'exception soulevée par notre honorable président est sans doute légitime dans la rigueur du droit, mais je tiens à ne pas m'en prévaloir ; je veux répondre à toutes vos questions et ne faire aucune réserve dans cette réunion où tous les électeurs, amis ou adversaires ont pu trouver un libre accès. (Très bien ! très bien !)

Le conseil municipal de Paris est une grande et respectable assemblée dont je ne veux parler qu'avec toute la considération que je lui dois et que je professe bien sincèrement pour elle. Aucune parole ne sortira volontairement de ma bouche qui puisse ajouter à l'acuité d'un dissentiment sans doute fort regrettable. Mais je ne manquerai pas aux égards que je dois aux membres du conseil en rappelant que la majorité d'entre eux s'est prononcée, sur le rapport de M. Sigismond Lacroix, président actuel, pour l'autonomie de Paris, c'est-à-dire pour l'émancipation de cette ville vis-à-vis de l'État. L'honorable rapporteur allait jusqu'à demander que la commune de Paris fût chargée de voter l'assiette, la quotité et le mode de perception de ses impôts.

L'autonomie de la ville de Paris devrait avoir tout d'abord pour conséquence la main mise sur la préfecture de police transformée au gré du conseil municipal.

Messieurs, la ville de Paris, avec ses deux millions d'habitants, n'est point une commune comme une autre. Si vous ajoutez qu'elle est la capitale de la France, le siège des pouvoirs publics et des représentants des puissances étrangères, vous comprendrez que Paris est mieux qu'une ville municipale, que c'est une ville nationale, cessant de s'appartenir elle-même pour appartenir au pays tout entier.

Aussi la nation n'épargne-t-elle aucun sacrifice pour placer sa capitale à la hauteur qui lui appartient dans la considération du monde entier.

Quelles sommes énormes les contribuables français n'ont-ils point consacrées à l'édification des palais et des théâtres de Paris, à la richesse de ses musées, aux encouragements qui y sont donnés aux représentants les plus distingués des arts, des sciences et des lettres ! La ville qui possède tous ces avantages doit bien, en retour, faire quelques sacrifices au repos et à la sécurité de la nation.

C'est dans cette pensée que le législateur a placé la police de Paris dans la main d'un fonctionnaire nommé par l'État et responsable seulement devant les ministres. Songez que la préfecture de police, avec ses 6.000 gardiens de la paix, ses nombreux inspecteurs, agents et employés, auxquels il faut ajouter le régiment des sapeurs-pompiers et la légion de la garde républicaine, représente près de 11.000 hommes.

La préfecture de police, c'est l'institution qui assure dans Paris la sécurité des personnes et des propriétés, mais c'est elle aussi qui surveille les menées des partis et qui intervient au besoin pour réprimer les tentatives des factieux. En un mot, la préfecture de police, c'est la force dans Paris. On l'a dit avec raison, celui qui tient Paris tient la France. Faudra-t-il donc que le conseil municipal de cette ville veille seul et librement à la sécurité des institutions et des pouvoirs publics? Quel sera le repos de vos esprits quand vous sentirez vos représentants à la merci du bon ou du mauvais vouloir des élus des quartiers de Paris?

Je ne pouvais, messieurs, me prêter à de pareils desseins : j'ai refusé d'accepter pour mon administration un contrôle qui prétendait ne pas se borner à vérifier l'emploi des deniers, mais qui voulait s'immiscer dans la direction même du personnel; j'ai refusé d'accepter pour moi-même le rôle d'agent municipal; j'ai décliné toute responsabilité devant le conseil, invoquant les textes les plus clairs et les plus précis de la législation spéciale. En conséquence, prêt à donner au conseil tous les éclaircissements qu'il pouvait désirer sur les questions municipales, j'ai refusé de répondre à des interpellations, suivies d'ordres du jour, destinées à déplacer l'ordre légal des responsabilités et à donner aux conseillers de Paris une autorité qui n'appartient qu'aux ministres de la République française. (Applaudissements.)

En agissant ainsi, en défendant les droits de l'État, ce sont vos droits que j'ai voulu maintenir, car le temps n'est plus où un monarque pouvait dire : « L'État c'est moi; » aujourd'hui, mes chers concitoyens, l'État c'est vous. (Applaudissements prolongés.)

Vous savez qu'à la suite de ces faits une interpellation fut portée devant la Chambre par MM. Pascal Duprat et Floquet, au nom de la majorité des députés de la Seine; vous savez que l'honorable ministre de l'intérieur, me couvrant de sa haute responsabilité, a déclaré que j'étais resté dans mon droit et que le conseil municipal avait excédé le sien.

A mon tour, je suis monté à la tribune, j'ai dit à mes collègues ce que je vous disais tout à l'heure à vous-mêmes, j'ai fait appel à leurs sentiments démocratiques, je leur ai demandé s'ils voulaient le gouvernement du pays par le pays, ou le gouvernement du pays par la commune de Paris. (Applaudissements.) Aussi lorsqu'un ordre du jour fut déposé pour inviter le gouvernement à se séparer du préfet de police, la Chambre, qui n'est point encore disposée à abdiquer les droits qu'elle tient de vos suffrages, — s'est-elle prononcée contre cet ordre du jour par une imposante majorité de 354 voix contre 65. (Applaudissements.)

Et maintenant, le conflit va-t-il se perpétuer ? J'ose espérer qu'il n'en sera pas ainsi. Couvert une première fois par le décret du président de la République, une seconde fois par le vote de la Chambre, je compte sur la sagesse et la patriotisme de la majorité du conseil municipal, qui ne voudra pas continuer contre la Chambre elle-même une lutte dans laquelle ma personnalité est effacée.

En attendant le vote de la loi actuellement soumise aux Chambres, ne voulant pas préjuger la décision du pouvoir législatif, je déposerai sur le bureau du conseil municipal mon projet de budget pour l'exercice de 1882 ; je lui proposerai des demandes de crédits plus urgentes pour l'exercice courant, crédits qui intéressent la sécurité même de Paris, et je croirais manquer au respect que je dois au conseil municipal si j'admettais un instant qu'il puisse consentir, après le jugement de la Chambre, à assumer les responsabilités qui résulteraient d'un refus. (Applaudissements.)

QUESTION DE M. ARLIN
MAIRE D'ÉCULLY

M. ARLIN demande si M. Andrieux à l'intention de conserver ses fonctions de préfet de police ; il explique que les affirmations des journaux ont pu faire naître quelque inquiétude à cet égard, surtout depuis que ces attaques se sont produites dans deux articles de la *République française*. Ces articles on été très lus dans la circonscription, et on s'est demandé s'ils n'avaient point été inspirés par M. Gambetta.

M. Andrieux. — Je remercie M. Arlin de sa bienveillante sollicitude; il a pu juger par mes précédentes réponses que je suis fort éloigné de vouloir quitter la préfecture de police. Je me croirais indigne de la confiance que la Chambre m'a témoignée si, au lendemain de son vote, sans en tenir nul compte, j'abandonnais le poste de combat où elle semble m'avoir ordonné de rester. Je serais fort inconséquent avec moi-même si, après avoir soutenu que je n'ai aucune responsabilité devant le conseil municipal de Paris, je me retirais parce que j'aurais cessé d'avoir la confiance de ce conseil.

Non, messieurs, appuyé sur le vote de la Chambre, je resterai à la préfecture de police et j'attendrai sans jactance, mais avec fermeté, ce qui pourra se produire. Je ne crois pas aux pronostics de ceux qui offensent le conseil en prétendant qu'il adressera au gouvernement je ne sais quelle mise en demeure comminatoire; toute démarche de cette nature ne serait, en dernière analyse, qu'une sommation d'avoir à gouverner en s'appuyant sur la majorité du conseil municipal contre la majorité de la Chambre des députés. (Rires approbatifs.)

Mais, me dit-on, pourrez-vous résister aux attaques de la presse? A celles mêmes de la *République française* qu'inspire l'éminent président de la Chambre?

Messieurs, je ne suis point allé demander à l'honorable M. Gambetta quels étaient ses desseins à mon égard ; j'aurais paru croire à un gouvernement occulte ; j'ai lieu cependant de penser que les articles de la *République* n'ont point été inspirés par lui. Je tiens pour certain qu'on a eu tort de lui imputer, vis-à-vis du préfet de police, des intentions contre lesquelles protestent à la fois sa haute intelligence et ses qualités d'homme d'État (Applaudissements.)

Je sais apprécier les sentiments de bienveillance qu'a toujours paru me témoigner l'honorable M. Gambetta; j'en connais tout le prix; mais si cette bienveillance venait à me faire défaut, je ne la croirais pas indispensable pour remplir les fonctions que le gouvernement m'a fait l'honneur de me confier. (Applaudissements.)

L'article de la *République française* était le développement de cette idée qu' « on ne peut gouverner contre Paris » ou même « sans Paris », et l'auteur, confondant Paris et le conseil municipal, concluait au départ nécessaire du préfet de de police. La doctrine me paraît plus spécieuse que solide ; dans les questions où Paris est d'accord avec la nation, oui, sans doute, il n'est pas possible de gouverner contre Paris ; mais si, comme dans le cas qui nous occupe, les élus de la France sont en dissentiment avec ceux de Paris, c'est une étrange prétention de vouloir que la volonté d'une commune domine celle de toutes les autres. Messieurs, la vraie formule, la voici : « On ne gouverne pas contre la France ! » (Applaudissements.)

QUESTION DE M. DESCHAMP

ÉLECTEUR A LISSIEU

M. DESCHAMP prie M. Andrieux de s'expliquer sur les décrets.

J'emprunte la réponse au compte rendu télégraphique du journal *le Clairon*, qui avait envoyé à l'Arbresle un de ses reporters :

Ici, dit le journaliste, une émotion véritable s'empare de toute la salle; et c'est avec une satisfaction profonde que je constate ce tressaillement. Un jour, peut-être, pourrai-je dire ce que je sais personnellement sur les hésitations de M. Andrieux à se faire l'exécuteur des volontés de M. Ferry. Ce qu'il a affirmé à ses électeurs, c'est que, n'ayant pu faire autrement, il a dû obéir aux ordres formulés malgré ses remontrances.

Le *Courrier de Lyon* termine ainsi son compte rendu :

M. FOUILLOUX, président, après avoir constaté qu'aucun électeur ne demande plus la parole, propose à l'assemblée de voter des remerciements à M. Andrieux en sa double qualité de député et de préfet de police ; il propose en outre de prendre l'engagement d'assurer la réélection du député de la 4ᵉ circonscription.

Ces propositions sont votées à l'unanimité, aucune main ne s'étant levée à la contre-épreuve.

Les journaux du président du conseil blâmèrent ma déclaration relative à l'exécution des décrets. Ceux de M. Gambetta trouvèrent fort impertinente mon allusion au gouvernement occulte et ma prétention de pouvoir à la rigueur me passer de la bienveillance du président de la Chambre.

LXXXIV

L'opinion de l'étranger sur la préfecture de police.

On va me reprocher de parodier le mot fameux sur « la magistrature que l'Europe nous envie ». Mais, au risque de m'exposer au ridicule de ce rapprochement, je dois dire que la préfecture de police jouissait à l'étranger d'une considération que l'esprit frondeur des Parisiens lui refusait trop souvent.

Tandis que le conseil municipal et la plupart des organes de la presse républicaine demandaient la suppression de la préfecture de police et s'efforçaient d'intéresser le sentiment libéral à la disparition de cette institution, je recevais au boulevard du Palais des témoignages non équivoques de l'estime en laquelle on la tenait à l'étranger.

J'eus, plusieurs fois, la visite de M. Vincent Howard, et le sympathique directeur de « Scotland Yard », comparant nos institutions de police à celles de l'Angleterre, ne dissimulait pas la préférence qu'il accordait à celles de notre pays.

Ce que j'aurais volontiers emprunté à l'Angleterre, dans l'intérêt de la sécurité publique, c'est le fameux bâton des agents anglais, devant lequel la foule, a-t-on coutume de dire, s'écarte par respect pour la loi qu'il symbolise.

J'avais fait venir de Londres quelques-uns de ces porte-respect; il suffit de les prendre dans la main pour reconnaître qu'ils ont une autre valeur que celle d'un symbole.

La Norvège nous envoya M. Christiensen, chef de division à la préfecture de Christiania, qui vint étudier nos divers services de police.

M. Baranoff, le brillant officier russe qui fut placé plus tard à la tête de la police de son pays, vint nous visiter de la part de Loris Mélikoff.

Il était accompagné de M. Yvan de Romanoff.

J'eus le plaisir de faire parcourir à ces messieurs les salles réservées aux archives, et de leur faire montrer, extérieurement du moins, les dossiers de toutes les personnes dont ils prononçaient les noms.

M. Baranoff, qui n'était que depuis deux jours à Paris, fut très surpris de trouver déjà un dossier à son nom dans les archives de la préfecture.

Les Japonais nous avaient envoyé une mission

de quatre personnages fort intelligents, chargés d'étudier notre préfecture de police pour en rapporter le plan dans leur pays.

Cette nation, si prompte à s'assimiler les mœurs, les modes et les institutions de l'Europe, empruntant à chaque peuple ce qui lui paraît digne d'imitation, avait jugé que la police française méritait d'être copiée.

Le Portugal avait fait auprès du gouvernement français une démarche des plus flatteuses.

Par l'intermédiaire de son proche parent, M. le chevalier de Faria, consul général de S. M. le roi de Portugal à Paris, le gouverneur de Lisbonne, M. Arrobas Barreiros, demandait à la France qu'un fonctionnaire de la préfecture de police fût envoyé à Lisbonne avec la mission d'y faciliter par ses avis l'organisation d'une police semblable à celle de Paris.

Je désignai au choix de M. le ministre des affaires étrangères le chef du secrétariat de la préfecture de police, M. Olivier du Taiguy, aujourd'hui mon collaborateur au journal *la Ligue*.

M. du Taiguy partit pour le Portugal au printemps de l'année 1881. Il y resta près de cinq mois, et en revint après avoir rempli sa difficile mission à la satisfaction du gouvernement portugais, comme en témoignaient de hautes distinctions dont il avait été honoré.

Mais l'approbation qui me parut la plus significative, fut celle qui, dans les derniers mois de mon administration, me vint de la légation des États-Unis d'Amérique.

Je reçus, en effet, du général Noyes, ministre des États-Unis à Paris, la lettre suivante :

LÉGATION
DES ÉTATS-UNIS   Paris, le 15 avril 1881.

Monsieur le préfet,

Au moment où je me dispose à rentrer aux États-Unis, la ville de Cincinnati sollicite mon intervention pour obtenir de votre administration des renseignements authentiques et sûrs touchant l'organisation et le fonctionnement de la police de Paris.

Je vous serais très reconnaissant, monsieur le préfet, si vous pouviez me mettre en mesure de répondre convenablement à cette requête.

Cincinnati est aujourd'hui une ville de 250,000 âmes ; c'est ma demeure et il me serait particulièrement agréable de contribuer à l'amélioration de la police de cette grande cité, en lui fournissant les moyens de prendre modèle sur celle de Paris, qui fait l'admiration de tous les étrangers honnêtes et paisibles.

Dans l'espoir que vous accueillerez favorablement cette demande, je vous remercie d'avance et vous prie d'agréer l'assurance de mes sentiments de haute considération.

L'envoyé extraordinaire et ministre plénipotentiaire des États-Unis,

Signé : Edward-F. Noyes.

J'hésite à me prévaloir de l'estime de la Russie, quand j'invoque les attestations de l'étranger en faveur de nos institutions de police. Je prévois en effet les objections tirées du régime autocratique sous l'empire duquel vivent les sujets du czar.

Mais personne, parmi les libéraux français, ne saurait récuser le témoignage du ministre des États-Unis, quand il affirme que « la police de Paris fait l'admiration de tous les étrangers honnêtes et paisibles ».

Je ne suis pas le dernier à reconnaître la nécessité de réformes destinées à mettre la police parisienne en meilleure harmonie avec les institutions démocratiques qui régissent aujourd'hui ce pays ; mais il m'est précieux de constater que, telle qu'elle fut sous mon administration, et malgré les imperfections d'une législation à refaire, la préfecture de police mérita et recueillit l'approbation de tous ceux qui en étudiaient le fonctionnement avec impartialité, et sans se préoccuper de nos discordes intérieures et de nos rivalités municipales.

LXXXV

Le prisonnier de Calino.

On se rappelle l'amusante naïveté prêtée par je ne sais qui à un Calino quelconque :

— Mon capitaine, j'ai fait un prisonnier.

— Eh bien, amène-le.

— Oui, mon capitaine; mais... c'est qu'il ne veut pas me lâcher.

Pour l'amusement de mes lecteurs, j'ai fait jouer au journal *Paris* ce rôle de vaudeville.

J'avais dit son fait à la feuille opportuniste, à propos d'un numéro à sensation qui, peu après la chute du cabinet Ferry, avait obtenu sur les boulevards un succès de Petite Bourse, fort différent d'un succès d'estime.

Le lendemain, le confrère crut avoir fait un prisonnier en ma personne, et il annonça bruyamment qu'il allait me traîner devant les tribunaux.

Je pris la liberté de rire de Calino. Le confrère

Calino insista, déclara que j'avais tort de ne point prendre sa vaillance au sérieux. Il avait, disait-il, déposé aux mains du président de la Chambre une demande en autorisation de poursuites contre M. Andrieux, député du Rhône.

En ce temps, M. Henri Brisson était l'intègre dépositaire de la sonnette présidentielle. Il a, depuis lors, transmis à M. Floquet l'auguste symbole de la présidence. Et ni M. Brisson ni M. Floquet n'ont fait connaître à la Chambre la requête du *Paris*.

J'ai fini par m'impatienter; j'ai abusé, j'en conviens, de ma situation de prisonnier, j'ai refusé de lâcher mon vainqueur, et mes lecteurs se rappellent peut-être que j'ai poussé la violence jusqu'à l'appeler « chevalier Kadoche ».

Le confrère Calino comprit qu'il avait affaire à un de ces prisonniers entêtés qui, au jeu de l'obstination, rendraient des points au plus illustre des députés des Vosges, et il s'est exécuté, en attendant qu'il puisse m'exécuter moi-même.

Voilà pourquoi, aujourd'hui mardi, au début de la séance, M. le président Floquet annoncera qu'il a reçu une demande en autorisation de poursuites contre « un député » et renverra cette demande à l'examen des bureaux.

J'aurais pu bénéficier de la tradition qui ne

permet pas de nommer avant la discussion publique le député exposé aux réquisitoires du parquet. Mais il ne me convient pas de laisser s'égarer, par une injuste confusion, les soupçons du public sur des collègues qui ont assez déjà de leurs propres responsabilités.

Pour l'honneur du Parlement, déjà fort compromis, je ne laisserai pas supposer qu'il s'agit encore de quelque société de banque, de quelque compagnie de navigation, ou de quelque autre ingénieux artifice destiné à combler, et au delà, le trou que la retenue pour la buvette fait dans l'indemnité des députés.

C'est pourquoi je proteste contre l'anonymat de la formule traditionnelle, tout en rendant hommage à la délicatesse du procédé qu'elle consacre ; et je m'écrie : « C'est moi, c'est moi qui suis l'accusé ! »

Nous arrivons donc devant la Chambre, l'un traînant l'autre, M. André Treille et moi ; car c'est M. André Treille que j'ai, paraît-il, outragé quand j'ai dit son fait au *Paris*.

Il s'agissait, s'il vous en souvient, de coups de Bourse et de financiers véreux. J'avoue que je ne connaissais pas M. Treille (André) sous ce fâcheux aspect ; mais celui-là serait un autre Bottin qui prétendrait connaître tous les financiers véreux que Paris recèle en ses sombres flancs.

S'il plaît à M. André Treille de croire que c'est lui que j'ai voulu désigner, c'est son affaire et non la mienne.

Calino ira-t-il jusqu'au bout? Exposera-t-il ses patrons à ce que je les sorte de la coulisse pour les présenter au public?

Il lui reste un espoir : c'est que la Chambre, en refusant l'autorisation de poursuites, le délivre de son prisonnier; mais j'aurai la cruauté de m'opposer à sa délivrance.

Pauvre Calino!

LXXXVI

Le projet de loi sur la préfecture de police.

La résolution prise par le conseil municipal de rompre tous rapports avec le préfet de police mettait le gouvernement en demeure de délibérer sur les mesures à prendre pour faire cesser le conflit.

La presse radicale, qui proposait la révocation du préfet, resta sans écho dans les conseils du gouvernement, et si le ministre de l'intérieur paraît avoir, dès ce moment, souhaité la démission de ce fonctionnaire, du moins ne fit-il rien pour la provoquer.

Il ne fut pas non plus question de dissoudre le conseil municipal. Une telle mesure eût assuré l'échec des candidats opportunistes à Paris, à un moment où la réélection de M. Gambetta dans le quartier de Belleville semblait être l'objectif de toute la politique intérieure.

J'avais fait observer qu'à la rigueur on pouvait envisager avec indifférence la rupture des rapports avec le conseil municipal.

Mon budget était voté pour toute l'année 1881, et jusqu'à l'exercice 1882 je n'avais rien à demander à l'assemblée qui siégeait au pavillon de Flore.

Tous les crédits dont se compose le budget de la préfecture de police, sauf deux ou trois cent mille francs au maximum sur vingt-deux millions environ, ont le caractère de dépenses obligatoires.

Le refus d'examiner le budget, quand le moment serait venu, n'aurait eu d'autres conséquences que de substituer, à des crédits discutés en séance du conseil, des crédits d'importance au moins égale établis par un simple acte du pouvoir exécutif.

Ce mode d'établir le budget de la préfecture de police est sans doute le plus avantageux pour le préfet; il lui épargne des discussions et des marchandages souvent préjudiciables à son autorité, et des réductions auxquelles, de guerre lasse, il finit par donner son consentement.

En dehors des discussions budgétaires, le préfet de police n'a point à se présenter devant les conseillers municipaux; rien ne l'oblige à se prêter à des discussions sur la composition de son personnel, ou sur la direction qu'il donne aux services publics, sous sa responsabilité devant le ministre de l'intérieur.

J'avais donc émis cette opinion irrespectueuse que la meilleure solution du conflit consisterait à négliger le conseil municipal, et à administrer désormais la police de Paris en se passant du concours que cette assemblée jugeait à propos de refuser.

Tout en reconnaissant que ce mode de procéder n'eût été qu'une rigoureuse application de la législation existante, le président du conseil m'opposa le « *summum jus, summa injuria* »; et l'idée qui prévalut fut celle de soumettre aux Chambres un projet de loi sur la préfecture de police, rattachant au budget de l'État celui de cette administration.

La difficulté était de savoir si l'on transporterait au budget de l'État, sans distinction, tous les crédits affectés aux divers services de la préfecture de police, ou si l'on en distrairait une partie, qui serait rattachée à la préfecture de la Seine.

Le conseil des ministres opina pour cette dernière solution, n'osant pas proposer de faire voter par le Parlement les crédits relatifs aux halles et marchés et à divers services qui ne semblaient pas inséparables de la police proprement dite.

Le projet d'annexer à la préfecture de la Seine une partie des attributions de la préfecture de police compliquait les difficultés, en réveillant les vieilles querelles entre ces deux administrations rivales.

Suivant mon honorable collègue M. Hérold, les services les plus importants, par leur caractère purement municipal, revenaient de droit à son administration. Je soutenais, au contraire, que la préfecture de police était une unité indivisible et comme une chaîne à laquelle on ne pouvait, sans la briser, enlever un de ses anneaux.

En face de nos prétentions contradictoires, les ministres, fort incompétents dans ces questions, comprirent que le partage des attributions devait faire l'objet d'un projet longuement étudié.

D'autre part, on était à la veille des vacances de Pâques, et M. Jules Ferry tenait à ce que le projet fût déposé avant la séparation des Chambres.

C'est alors qu'on imagina un expédient consistant à proposer au Parlement de ne voter que le principe du rattachement au budget de l'État, en s'en rapportant, pour le partage des attributions, à un règlement d'administration publique.

Voici, d'ailleurs, le projet, rédigé à la hâte, que M. Constans, ministre de l'intérieur, déposa, le 11 avril, sur le bureau de la Chambre des députés.

« Article 1er. — Le budget de la préfecture de police est rattaché au budget de l'État.

» A partir de 1882, les crédits nécessaires à ce service seront ouverts dans un chapitre spécial du budget du ministère de l'intérieur.

» Art. 2. — Un règlement d'administration publique déterminera les services de police administrative qui seront réunis à la préfecture de la Seine et continueront à figurer au budget de la ville et de la préfecture de la Seine. »

La pensée d'une législation nouvelle destinée

à soustraire la préfecture de police aux discussions du conseil municipal n'apparaissait pas pour la première fois. Elle s'était naturellement présentée dès qu'était devenue manifeste l'incompatibilité de la préfecture de police avec un conseil municipal issu du suffrage universel.

A mon arrivée à la préfecture de police, M. Waddington, président du conseil, justement ému des difficultés auxquelles s'était heurté mon prédécesseur, avait préparé un projet à peu près semblable à celui que déposa plus tard M. Constans.

M. Waddington avait eu, si je ne me trompe, pour collaborateur M. Léon Say, et les membres du centre gauche au Sénat faisaient même du vote de ce projet la condition de leur adhésion à la réforme constitutionnelle qui devait transporter de Versailles à Paris le siège des pouvoirs publics.

Mais l'honorable président du conseil avait rencontré de la part de M. Gambetta une assez vive opposition qui s'était naturellement traduite par la résistance de M. Lepère, alors ministre de l'intérieur.

Invité par M. Lepère à lui soumettre un rapport sur la question, M. Hérold, préfet de la Seine, adressa au ministre la lettre suivante, qui n'est pas jusqu'ici sortie des cartons de la place Beauvau. Je crois devoir la publier; car c'est un document à consulter pour l'histoire de la préfecture de police :

Paris, le 4 mai 1879.

Monsieur le ministre,

Vous voulez bien me demander mon avis sur l'opportunité de la présentation aux Chambres d'un projet de loi destiné à opérer une nouvelle répartition, entre la préfecture de la Seine et la préfecture de police, des attributions actuelles de ces deux préfectures; répartition qui, par suite de la modification législative qui rattacherait au ministère de l'intérieur la partie du budget de la préfecture de police qui intéresse la sûreté publique, aurait pour conséquence d'enlever au conseil municipal de Paris le contrôle que le vote du budget de la police municipale entraîne actuellement à son profit.

J'ai déjà eu l'honneur, monsieur le ministre, de vous exprimer de vive voix mon opinion sur ce projet. Cette opinion n'a pas changé. Je considère toute tentative dans le sens ci-dessus indiqué comme entièrement inopportune.

Ce n'est pas le fond même de la question que je veux examiner. L'extension des attributions de la préfecture de la Seine au détriment de la préfecture de police, notamment en ce qui concerne les halles et marchés, pourrait être considérée comme une mesure bonne en elle-même, et, en tout cas, conforme aux vœux du conseil municipal. Cette réforme, en d'autres temps, pourrait recevoir bon accueil, surtout, bien entendu, si elle n'était pas compensée par le sacrifice corrélatif dont il s'agirait aujourd'hui de l'accompagner. Mais je vous demande la permission d'écarter cette question du fond et de ne m'attacher qu'au point de savoir quel effet produirait la proposition dans les circonstances actuelles.

A cet égard, le doute n'est pas possible un instant. Le projet serait considéré comme une déclaration de guerre par le gouvernement au conseil municipal de Paris.

Dans le milieu politique et administratif où je me trouve placé, cette déclaration de guerre n'aurait ni cause ni même prétexte.

Sans doute, le conseil municipal a plusieurs fois manifesté sa tendance à étendre son action et son influence, à s'ingérer même dans l'administration. Cette tendance est assez naturelle aux assemblées élues et les Chambres législatives en donnent parfois l'exemple. Mais il serait difficile d'établir que le conseil municipal ait fait autre chose à cet égard qu'émettre des vœux et exprimer des intentions qui n'ont jamais été suivis d'effets. Il me sera permis d'ajouter que ces vœux et ces intentions, souvent mal interprétés ou exagérés par la presse rétrograde, ont pu, sous l'administration qui a précédé l'administration actuelle, atteindre un certain degré d'acuité, par suite d'un antagonisme réel entre les hommes et les idées, antagonisme qui a disparu, ou du moins s'est atténué au point de n'avoir pas encore apparu depuis environ trois mois.

Le conseil municipal semble en ce moment très préoccupé de la pensée non seulement de ne pas sortir de la légalité, mais même de ne pas causer d'embarras au gouvernement de la République. Je n'affirme pas que cette double pensée soit celle de tous les membres du conseil municipal sans exception, mais je déclare avec la plus profonde conviction que c'est celle de la très grande majorité.

Sans doute le conseil, quand viendront les questions relatives au budget de la police, ne renoncera pas aux prétentions plus ou moins fondées qu'on a déjà vues se produire de la part d'un assez grand nombre de ses membres, de critiquer certains actes de l'administration et d'obtenir certaines satisfactions en ce qui touche la composition du personnel. Mais la part déjà faite à ses exigences dans ce qu'elles pouvaient avoir de légitime, et une attitude à la fois ferme et conciliatrice de la part des chefs de l'administration, me semblent devoir exercer une salutaire influence sur les esprits.

Je crois possible, facile même de faire comprendre au conseil et reconnaître par lui les limites qui sont imposées au contrôle et à la discussion par les nécessités gouvernementales et le besoin supérieur de la sécurité publique.

Quant à éviter toute discussion, à écarter toute critique juste ou même injuste, il n'y faut pas songer, et le gouvernement n'y prétend assurément pas. Il est impossible d'ailleurs de concevoir comment on pourrait y arriver. Le gouvernement ne paraît pas disposé à abandonner toute contribution de la ville de Paris aux dépenses de la préfecture de police; il se propose, au contraire, de continuer à demander cette contribution sous forme de subvention. La subvention devant être votée par le conseil, il est évident qu'à propos de ce vote, tout ce qui se produit à l'occasion du vote direct des dépenses se reproduirait dans la délibération du conseil. A supposer que le conseil rejette la subvention, le gouvernement, armé du droit d'inscription d'office, se trouvera obligé de lui soumettre une seconde fois la demande de subvention avant de pouvoir procéder à cette inscription (conformément à l'exigence de l'article 37 de la loi du 18 juillet 1837 et à la jurisprudence du conseil d'État).

Un nouveau débat aura lieu, inévitablement acrimonieux et violent. L'inscription d'office suivra, soit. Mais le conseil sera exaspéré et l'administration de la police traînée sur la claie. Je n'aperçois pas ce que le gouvernement pourrait y gagner. Alors même que les gouvernements libéraux n'auraient pas d'autres devoirs que les gouvernements autoritaires et, à certains égards, de plus grandes difficultés qui font leur honneur même, je ne puis comprendre en quoi les principes conservateurs de la société peuvent être intéressés à cette lutte.

Il faut bien remarquer que, dans l'état actuel, le droit d'inscription d'office existe pour le gouvernement aussi bien que dans la législation qu'on se proposerait d'établir. Seulement, il existe pour les dépenses spécifiées de la police municipale, tandis qu'il s'appliquerait à une subvention pour ces mêmes dépenses. Dans la pratique, il n'y aurait pas de différence. On aurait le droit de recommander aux orateurs de moins approfondir les détails : mais est-ce là une garantie bien sérieuse?

Je ne vois aucune utilité, monsieur le ministre, au changement de législation projeté. Je vous ai déjà dit que j'y voyais des inconvénients. J'y reviens. Le conseil municipal me semble actuellement fort apaisé. Ne croyez pas, je vous en supplie, que j'aie la pensée de m'attribuer, à cette occasion, un mérite quelconque, sauf peut-être celui d'avoir mis un terme à un certain système de taquinerie.

Je suis convaincu que l'apaisement provient d'un ensemble de circonstances politiques, dont la principale est l'élection de M. Jules Grévy à la présidence de la République. Que le gouvernement laisse s'éloigner le temps des méfiances et des mauvaises querelles; qu'il affirme plus que jamais l'autorité de la loi et qu'il prouve par ses actes la formule de ses principes à la fois républicains et sainement conservateurs : la discussion du budget de la police au conseil, fût-elle entachée de paroles imprudentes et même blâmables, ne sera jamais un péril. Je verrais, au contraire, sinon un péril, du moins un grand malheur dans l'hostilité systématique et réciproque qui s'établirait entre l'administration et le conseil municipal le lendemain du jour où le projet en question serait devenu loi.

J'ai l'honneur de vous adresser, monsieur le ministre, conformément à votre demande :

1° Les délibérations du conseil municipal où il a été traité des modifications intéressant la police, se divisant en deux groupes : I. Question des halles et marchés (1876); II. Discussion du budget de la préfecture de police.

(J'ai cru devoir ajouter le procès-verbal de la séance dans laquelle le conseil municipal a adopté l'ordre du jour de M. Engelhard tendant à ce que le conseil exerce son contrôle direct sur la préfecture de police);

2° La liste des dépenses qui, actuellement, sont obligatoires et susceptibles d'inscription d'office;

3° Un aperçu d'une répartition nouvelle d'attributions entre les deux préfectures;

4° Un exemplaire des budgets de la ville de Paris et du département de la Seine pour 1879;

5° Un exemplaire du budget spécial de la police.

Je vous prie d'agréer, monsieur le ministre, l'hommage de mon respect.

Le sénateur, préfet de la Seine,
Hérold.

Comme M. Hérold, mais pour des motifs différents, je m'étais prononcé contre le projet de M. Waddington.

Dès mon arrivée au boulevard du Palais, je m'étais efforcé de faire prévaloir dans les conseils du gouvernement la thèse de l'indivisibilité de la préfecture de police.

Je repris mes arguments à l'occasion du projet de loi présenté par M. Constans.

Je demandai à être entendu par la commission nommée dans les bureaux. La commission se prêta à mon désir, et je crois devoir mettre sous les yeux de mes lecteurs le compte rendu de mes explications, tel que je le trouve dans le journal *la Ville de Paris* du 7 juillet 1881 :

M. Andrieux s'excuse d'avoir à entretenir la commission de ses propres rapports avec le conseil municipal. Mais les honorables membres du conseil récemment entendus ayant prétendu que le projet de loi n'était fait qu'en vue de M. Andrieux, qu'il avait un caractère personnel et de circonstance, M. le préfet croit devoir repousser tout d'abord ce principal grief élevé contre le projet du gouvernement.

M. le préfet admet que le parti de l'autonomie communale n'obtient la majorité dans le conseil que dans certains cas et avec le concours de certaines alliances; mais s'il n'y a pas une majorité bien décidée pour l'autonomie telle que l'entend M. Sigismond Lacroix, il y a incontestablement une majorité qui supporte impatiemment de voir ses efforts limités par ceux de l'État; pour tous ceux qui ont suivi les discussions qui se sont élevées entre les préfets de police et le conseil, il ne saurait être douteux que le conseil entend s'emparer d'une partie de la puissance publique qui ne lui appartient pas.

C'est là et là seulement qu'est l'origine et l'explication du conflit.

Les prédécesseurs de M. Andrieux n'ont pas cessé d'être en lutte avec le conseil, maintes fois ils ont dû faire annuler des délibérations illégales, et si les difficultés qui ont surgi de leur temps ne sont point arrivées au même degré d'acuité qu'on a pu constater récemment, il faut l'expliquer par une double cause : d'une part, les temps étaient différents ; d'autre part, les prédécesseurs du préfet actuel ont fait toutes les concessions possibles jusqu'à une limite au delà de laquelle ils ne laissaient plus à leurs successeurs aucune matière à transaction.

Sous les régimes d'ordre moral, il suffisait aux préfets de rappeler délicatement au conseil combien son existence était menacée, combien légalement elle était précaire.

Cet argument, employé dans les commissions, dans les couloirs ou dans les discussions générales, ne manquait jamais son effet. Mais, quand la direction des affaires publiques fut passée aux mains d'un ministère républicain et libéral, on put croire que, comme tant d'autres, les conseillers municipaux de Paris confondaient la République avec la destruction de toute autorité. Le gouvernement n'inspira plus aucune crainte salutaire; les préfets furent considérés comme les serviteurs subalternes de l'autorité municipale.

Quant aux concessions faites par les prédécesseurs de M. Andrieux, il tient à les énumérer sommairement.

En 1873, deux commissaires aux délégations judiciaires furent supprimés.

En 1875, dix commissariats de police de quartier furent supprimés avec tout le personnel qui s'y rattachait. Dans les bureaux intérieurs de l'administration, soixante-trois suppressions de commis furent demandées par le conseil et acceptées par les préfets ; mais, comme le travail fourni par ces commis ne pouvait être supprimé, on les remplaça par des inspecteurs détachés dans les bureaux comme auxiliaires.

Puis le conseil décida que les surveillants de voitures devaient être supprimés et remplacés par des gardiens de la paix.

De même pour les surveillants des marchés de détail, pour ceux des abattoirs et pour les inspecteurs attachés aux commissariats de police.

On immobilisa ainsi dans les services spéciaux 686 gardiens de la paix, auxquels il faut ajouter les 63 inspecteurs de police ci-dessus indiqués ; on arriverait à ce résultat que 749 hommes ont été distraits des services de la voie publique, au préjudice de la sécurité des rues ; le personnel s'est trouvé diminué d'autant, alors qu'il eût fallu plutôt l'augmenter, à raison de l'accroissement de la population, et le niveau des divers services s'est trouvé abaissé, car les agents de la voie publique ne sont point aptes à un travail de bureau.

Le préfet cite encore les suppressions considérables qui ont été faites dans les services des halles et marchés, et il explique ainsi les remplacements des agents spéciaux par des agents de la police municipale : Les premiers, dit-il, étaient exclusivement à la charge de la ville de Paris, tandis que l'État contribue pour moitié aux traitements des gardiens de la paix et des inspecteurs de police. Ainsi, pour vivre en paix avec le conseil, on acceptait de mettre à la charge de l'État ce qui normalement devait être à la charge de la Ville.

On comprend que les préfets n'osaient pas demander de nouveaux crédits au conseil quand il s'agissait de faire face aux besoins nouveaux du cabinet, par exemple, ou des divers services que le conseil avait plus particulièrement la prétention de laisser à la charge de l'État : dans ce cas, les préfets créaient des emplois d'auxiliaires qu'ils rétribuaient à l'aide des fonds secrets donnés par le ministre de l'intérieur : c'est ainsi qu'à l'heure actuelle vingt-quatre auxiliaires sont rémunérés de cette façon. D'après la législation actuelle, le travail qu'ils font dans les bureaux devrait être exclusivement à la charge de la ville et ils sont payés avec les deniers de l'État. Les fonds secrets sont ainsi détournés de leur affectation naturelle, au grand préjudice des surveillances auxquelles ils sont destinés.

Voilà à quel prix et moyennant quels sacrifices, en affaiblissant tous les jours la préfecture de police, on a pu, dans le passé, vivre tant bien que mal avec les conseils municipaux, d'ailleurs moins exigeants pendant les périodes d'ordre moral.

Ces concessions, le préfet actuel ne pouvait plus les faire, pas plus qu'il ne pouvait, pour être gracieux envers le conseil, abandonner généreusement les 25,000 francs de frais de représentation auxquels M. Léon Renault avait renoncé dès son entrée en fonctions.

La résistance s'imposait en face de prétentions nouvelles. Elle était d'autant plus nécessaire que l'action dissolvante et désorganisatrice du conseil ne se traduisait pas seulement, comme on l'a vu, par des suppressions considérables dans le personnel nécessaire à la sécurité de Paris, mais affaiblissait le personnel tout entier de la préfecture au point de vue de l'autorité du préfet et de la discipline des agents. Peu à peu le personnel était envahi par les créatures des conseillers municipaux, récompensant des services électoraux par des recommandations presque impératives.

Non content de contribuer au choix du personnel, le conseil entendait s'immiscer dans sa direction même, et c'était là ce qu'il appelait « exercer le contrôle direct dû aux assemblées qui votent les deniers. Le conseil exigeait que le tableau des gratifications lui fût soumis tous les trois mois. Un jour, il votait la suppression d'une somme de 600 francs, faisant partie du traitement de M. Macé, sous forme de gratification fixe, entendant ainsi infliger à ce commissaire de police une sorte de peine disciplinaire.

Tels sont les motifs pour lesquels le préfet a cru devoir, en diverses occasions, invoquer avec fermeté devant le conseil les droits de l'État, mais on chercherait en vain dans la collection des procès-verbaux une parole offensante de sa part.

Après s'être trouvé dans la nécessité de demander au gouvernement l'annulation d'un certain nombre d'ordres du jour de blâme, il a pensé que le moment était venu de rentrer absolument dans la correction des principes en déclinant toute responsabilité devant le conseil et en se refusant à toute interpellation, au sens parlementaire du mot.

Il a pris cette attitude, parce que, après avoir fait l'expérience de l'inutilité des concessions, il a senti la nécessité de défendre la dignité de sa fonction, pour maintenir son autorité sur son nombreux personnel.

Il importe d'ailleurs de rappeler que ce projet de loi, auquel on prête un caractère de circonstance, ne date pas d'hier : il fut présenté à l'Assemblée nationale par M. Léon Say et plusieurs de ses collègues; il fut repris sous le ministère de M. Waddington.

Et, s'il fut alors abandonné après une nouvelle étude, c'est que M. Andrieux, venant d'arriver à la préfecture de police, émettait l'avis qu'il ne fallait pas prendre l'initiative de la rupture, alors qu'on espérait encore l'éviter.

Enfin, le projet fut de nouveau l'objet des préoccupations du monde parlementaire lors de la rentrée des Chambres à Paris. A ce moment, quelques sénateurs semblaient en faire la condition de leur vote.

La vérité sur le caractère de la loi, c'est qu'il faut une législation nouvelle à une situation nouvelle.

Avec une commission municipale sous l'Empire, la préfecture de police n'était contrôlée que par les délégués de l'État; son caractère d'institution d'État n'est pas compatible avec le contrôle d'un conseil municipal élu au suffrage universel à Paris, d'autant que le conseil municipal de Paris ne représente généralement pas l'opinion moyenne du pays, et qu'ainsi la force dans la capitale se trouve plus ou moins dépendante d'une volonté particulière souvent en hostilité avec les vœux exprimés par le suffrage universel du pays.

Prétendant avoir ainsi rendu son véritable caractère au projet de loi, M. Andrieux en examine les dispositions.

Tel qu'il est conçu, le projet sera bon ou sera mauvais, suivant ce qu'il deviendra entre les mains du conseil d'État, chargé de lui donner sa véritable portée.

M. le préfet ne conçoit qu'une bonne loi sur la préfecture de police : c'est celle qui transporterait l'institution tout entière, sans en rien retrancher, au budget de l'État.

Il s'excuse de paraître différer du sentiment exprimé par le gouvernement lui-même ; mais, dans une question si grave, le préfet de police croirait manquer à un devoir impérieux s'il ne disait pas toute sa pensée et s'il négligeait de défendre des services qui, à son avis, seraient irrémédiablement compromis s'ils étaient confiés à une autre direction.

Il n'est pas possible, d'ailleurs, qu'on ne soit pas d'accord avec le gouvernement, quand on défend ses droits et qu'on s'oppose à l'amoindrissement de l'État.

La préfecture de police, telle qu'elle est constituée, est un édifice dont on ne peut déranger la moindre pierre sans menacer la solidité de l'ensemble. Les services s'appuient les uns sur les autres ; ils sont reliés par des liens intimes qu'une longue expérience permet seule d'apprécier ; tel service auquel le public accorde volontiers un caractère municipal est en réalité indispensable aux recherches de la police proprement dites. Faut-il citer le service des garnis ou celui des voitures ?

Le préfet explique le fonctionnement de ces deux services, et soutient que la police de sûreté ne saurait s'en passer.

M. le préfet donne de semblables explications pour les halles et marchés. La police est nécessaire partout où il y a une grande agglomération d'hommes. Le mouvement considérable et quotidien de personnes, de voitures, de marchandises, dans les halles et marchés, exige la surveillance incessante de la police : son autorité serait méconnue le jour où elle ne serait plus chez elle dans les marchés.

Sur chaque service particulier, pour le cas où la commission serait tentée d'en attribuer un à la préfecture de la Seine, le préfet propose de démontrer, par des renseignements précis, que ce service constitue bien une attribution de police. Mais il est un autre côté de la question qu'il faut envisager.

Les services sur lesquels on discute ne fonctionnent que par l'intervention d'un personnel nombreux : il faut l'assistance d'un corps comme les gardiens de la paix pour en assurer la marche ; supposons que la préfecture de la Seine soit chargée du service des voitures publiques : les gardiens de la paix n'auront plus à intervenir pour l'exécution des règlements, qui n'émaneront pas de leurs chefs.

Ils seront sans autorité auprès des cochers s'ils prétendent faire respecter les conditions du tarif, ou mettre fin à une discussion avec le voyageur : les faits dont nous parlons ne constituent point des délits, ils ne sont punis que par l'action disciplinaire, par le retrait des papiers ou la mise à pied. Si ces moyens de coercition ne sont plus dans la main de la préfecture de police, la préfecture de la Seine devra créer sur la voie publique un corps d'agents considérable, comme celui des gardiens de la paix, et exposés à d'incessants conflits avec ces derniers.

Y a-t-il rien qui paraisse plus municipal que la réglementation de ces marchands ambulants qu'on appelle marchands des quatre saisons? Il y en a six mille dans Paris. Des obligations particulières leur sont imposées au point de vue de la circulation, et aussi dans l'intérêt des marchands qui payent patente et devant les boutiques desquels on ne saurait leur permettre de stationner. Comment la préfecture de la Seine fera-t-elle respecter ces règlements nécessaires, si on lui donne l'attribution des marchands des quatre saisons? Ici encore, nécessité de créer un second personnel de police.

Enfin, il est une considération politique qui doit s'imposer à la commission.

Indépendamment du personnel de la préfecture de police proprement dit, il y a dans Paris tout un monde qui vit de ses permissions, qu'elle connaît, qu'elle surveille, sur lequel même elle exerce une action disciplinaire.

M. le préfet n'empruntera ses exemples qu'aux individus en rapport avec la 2º division de la préfecture, puisque c'est celle dont les attributions sont contestées.

Il y a quatre bureaux dans la 2º division : dans le premier bureau, M. Andrieux trouve 557 forts, 2,000 porteurs, 810 employés des facteurs; 400 pilotes, mécaniciens, pontonniers, etc., etc., tous nommés ou permissionnés par la préfecture, surveillés par elle et soumis à son action disciplinaire.

Dans le second bureau et dans les mêmes conditions, 10,000 marchands ambulants, 300 marchands de coco et de plaisirs, 600 saltimbanques et musiciens ambulants, etc.

Dans le troisième bureau, 850 porteurs d'eau; 631 contrôleurs des omnibus; 250 contrôleurs des tramways; 54,000 cochers inscrits, parmi lesquels 24,000 seulement travaillent quotidiennement.

La préfecture a, en effet, 54,000 dossiers de cochers; elle peut leur retirer leurs papiers pour des faits entachant la moralité ou la probité, aussi bien que pour des infractions professionnelles.

Dans le quatrième bureau, on trouve les établissements dangereux, insalubres ou incommodes, au nombre de 5,022. On trouve également l'inspection du travail des enfants employés dans l'industrie, inspection qui s'exerce dans 20,000 ateliers environ.

Il y a là pour l'État des sources d'influence légitimes et considérables. Veut-on les mettre au service du conseil municipal?

Veut-on donner à ses membres le moyen de fortifier ainsi leur clientèle dans leurs quartiers respectifs et d'exercer une propagande électorale et politique, généralement contraire aux intérêts des pouvoirs publics?

Le conseil municipal, en rendant à l'État, dans leur intégrité, les attributions de police, conservera une tâche assez belle. Il continuera à voter un budget de près de 250 millions; à traiter des questions financières, dont l'importance est suffisamment indiquée quand on rappelle que la dette de la ville de Paris dépasse 2 milliards; à voter les travaux d'édilité les plus importants; à traiter les plus graves questions d'instruction publique; à disposer enfin d'un budget de l'Assistance publique suffisant pour assurer et fortifier son influence.

Ce conseil, qui siège en permanence à côté des grandes assemblées du pays, est presque un État dans l'État : pour son avenir, pour son salut même, pour empêcher le retour des commissions municipales, pour protéger l'indépendance municipale de la ville de Paris, aucune mesure plus utile ne pouvait être présentée par le gouvernement.

Enfin, on a combattu la loi en disant que le moment est mal choisi; que les élections parisiennes seront des élections de protestation contre la loi, si elle est votée; ici encore l'urgence de voter la loi s'impose.

Si elle n'est pas votée, la protestation électorale se fera contre le préfet et contre le gouvernement qui le maintiendra. On ne peut pas douter, en effet, que le préfet ne reste en fonction, ne fût-il consolidé que par les injonctions comminatoires par lesquelles on prétend contraindre le gouvernement à se séparer de lui.

Eh bien, c'est contre les personnalités politiques que les élections de protestation se peuvent faire le plus utilement; ce n'est pas contre les lois, qui sont l'expression de la volonté nationale : si les personnalités ne s'imposent pas, la loi s'impose. Qu'elle soit votée avec résolution, et, devant le fait accompli, le calme se fera de lui-même dans les esprits.

Mais la Chambre touche à la fin de ses travaux, une seule loi est assez simple pour être rapportée et votée sans délai; c'est aussi la seule qui soit conforme aux intérêts de la sécurité.

LXXXVII

Ma démission. Mon successeur.

Après avoir combattu devant la commission le projet de loi déposé par le ministre de l'intérieur, je compris qu'il ne m'était plus possible de conserver la fonction de préfet de police, sous un gouvernement entre lequel et moi le désaccord était devenu manifeste.

Je me rendis auprès du président du conseil et je lui offris ma démission.

M. Jules Ferry insista pour me détourner d'une résolution qui lui paraissait de nature à compromettre le succès de son projet de loi et à enhardir les prétentions municipales.

Par déférence pour le président du conseil, et conservant l'espoir d'amener le gouvernement à partager l'opinion que j'avais émise sur l'indivisibilité de la préfecture de police, je me décidai à ajourner l'envoi de ma démission.

Mais, dès que j'eus connaisance des dernières communications adressées, par M. Constans, au président de la commission, il ne me parut pas possible d'hésiter plus longtemps sur le parti que j'avais à prendre, et j'écrivis à M. Jules Ferry la lettre suivante :

Monsieur le président du conseil,

Mardi dernier, lorsque j'ai eu l'honneur de vous offrir ma démission, vous avez bien voulu m'engager à rester à la préfecture de police. Vous m'avez ainsi donné un précieux témoignage de votre confiance, et je ne saurais trop vous en exprimer ma gratitude.

Mais, depuis lors, le dissentiment qui existe entre le gouvernement et moi sur le projet de loi relatif à la préfecture de police s'est aggravé.

Les communications qui viennent d'être faites à la commission parlementaire par M. le ministre de l'intérieur m'enlèvent toute illusion de faire partager par le gouvernement mes idées les plus arrêtées sur les attributions nécessaires au bon fonctionnement de mon administration.

En conséquence, je crois devoir vous adresser définitivement ma démission, afin d'être libre de combattre devant la Chambre, quand il y sera discuté, un projet qui me paraît aboutir à la désorganisation de la préfecture de police.

D'ailleurs, une expérience que j'ai peut-être trop prolongée m'amène à reconnaître que le cumul des fonctions de préfet de police avec le mandat législatif, quoique permis par la loi, porte un égal préjudice à l'indépendance du député et à la subordination du fonctionnaire.

Veuillez agréer, monsieur le président, l'hommage de mon profond respect.

ANDRIEUX,
député du Rhône.

Paris, 16 juillet 1881.

Après avoir écrit cette lettre, je me rendis à la place Beauvau pour en faire part au ministre de l'intérieur.

— Monsieur le ministre, dis-je à M. Constans, je vous apporte une bonne nouvelle.

— Ah! ah! Est-ce que vous m'apportez votre démission? me dit en riant M. Constans, qui m'avait compris.

— Précisément, monsieur le ministre, et j'espère que ma détermination vous causera le même soulagement qu'à moi-même.

— Mais alors, reprit M. Constans, puisqu'il n'y a plus de hiérarchie entre nous, j'espère que vous n'allez plus m'appeler « monsieur le ministre »?

— Comme il vous plaira, mon cher collègue.

M. Constans me retint à déjeuner. La conversation fut pleine d'entrain et de gaieté. Nous n'avions jamais été aussi satisfaits l'un de l'autre.

Pour reconnaître sa gracieuse hospitalité, je

dis à mon ancien ministre, avant de prendre congé :

— Voulez-vous me permettre de vous donner un dernier conseil?

— Comment donc?

— Eh bien, puisque vous avez à nommer un préfet de police, ne choisissez pas un député.

Je partis le soir même pour Dieppe. C'est là que, dès le lendemain de ma démission, le *Journal officiel* m'apporta la nouvelle de la nomination de mon successeur.

Le choix du gouvernement s'était porté sur M. Camescasse, ancien préfet de divers départements, directeur de l'administration départementale et communale au ministère de l'intérieur.

Ce choix ne devait pas me surprendre, car depuis quelques mois les agents m'affirmaient que, tout en travaillant dans ses bureaux de la place Beauvau, le directeur de l'administration départementale avait un œil qui se tordait dans la direction du boulevard du Palais.

Près de quatre années se sont écoulées, et, par une singulière coïncidence, au moment où je transcris pour mes lecteurs le texte de ma démission, les journaux m'apportent les adieux de mon successeur à son personnel :

A MM. les chefs de division et employés de la préfecture de police. — A MM. les commissaires de police de la ville de Paris et du ressort de la préfecture. — A M. le chef de la police municipale, MM. les officiers de paix et agents de la police municipale.

Messieurs,

Des circonstances d'ordre politique, indépendantes de ma volonté et étrangères à l'administration, m'obligent à quitter le poste que j'occupais au milieu de vous depuis près de quatre années.

Je ne puis partir sans vous exprimer mon profond regret de me séparer de vous tous. J'avais appris à vous bien connaître et à aimer en vous cet esprit de discipline, d'abnégation, de dévouement de chaque heure, qui vous a permis d'accomplir les tâches les plus difficiles, les plus périlleuses parfois, avec sang-froid, fermeté et modération.

Vous serez, avec mon collaborateur et ami M. Gragnon, ce que vous avez été avec moi en toute circonstance. Vous maintiendrez la réputation et l'honneur de la préfecture de police. Insensibles à toute influence étrangère, vous resterez uniquement préoccupés du maintien de l'ordre et du respect des lois.

Quant à moi, je ne saurais oublier jamais ni les doux moments que nous avons passés ensemble ni l'insigne honneur que la République m'avait fait en me mettant à la tête de tant de braves gens.

Recevez, messieurs, l'assurance de ma profonde sympathie.

Le préfet de police,
E. CAMESCASSE.

Les moments les plus doux sont aussi les plus courts, et les circonstances qui les abrègent échappent d'ordinaire à l'action de la volonté.

Nous savons, par les anciens philosophes, qu'une vague tristesse suit d'habitude la félicité. Ce n'est point à écrire des circulaires qu'il convient d'employer ces heures de réaction mélancolique, et il est manifeste que ce premier fragment des Mémoires de M. Camescasse n'eût rien perdu à une publication moins hâtive.

Reconnaissons, d'ailleurs, que M. Camescasse méritait une plus longue félicité.

D'un caractère doux et affable, qui contrastait heureusement avec les allures batailleuses de son nom, l'ancien préfet de police s'était efforcé d'apporter, dans ses rapports avec le conseil municipal, autant de souplesse que son prédécesseur avait montré de raideur.

M. Camescasse fut un préfet conciliant; il déploya beaucoup d'habileté à ne rien faire, afin de ne pas se heurter à des responsabilités.

Et cependant il ne paraît pas que les quatre-vingts têtes de l'hydre municipale lui aient été plus bienveillantes qu'à moi-même.

C'est sous l'administration de M. Camescasse que, pour la première fois, le conseil municipal a refusé en bloc le vote du budget de la préfecture de police. Je n'avais pas connu cet excès de disgrâce.

L'expérience de mon successeur, l'importance de son bon vouloir et de ses hautes qualités, à exercer auprès du conseil une honnête captation au profit de l'État, suffisent à démontrer l'erreur de ceux qui, en 1881, ne voulurent voir qu'une question de personne entre le préfet de police et les représentants de la commune de Paris.

Le conflit est entre l'État et le conseil municipal, qui ne réussiront jamais à s'entendre sur la question de savoir quelles institutions de police conviennent à la capitale d'un pays où le suffrage universel est le fondement de toute autorité.

J'ai précédemment développé cette idée qu'il faut à une démocratie un pouvoir exécutif indépendant du Parlement, par sa liberté d'action comme par son origine. J'ajoute que ce pouvoir exécutif doit s'appuyer sur une police d'État indépendante de toute attache municipale.

Pour que la préfecture de police réponde à cette nécessité, il faut qu'elle devienne franchement une institution d'État; il faut renoncer à donner au préfet le titre mensonger de *maire de Paris pour la police;* il faut supprimer tous les rapports de ce fonctionnaire avec le conseil municipal; il faut enfin réunir à ses attributions celles de la sûreté générale.

Si cette conception d'État démocratique n'a pas l'approbation des esprits libéraux, je ne saurais m'en étonner; mais il est temps que l'opinion publique s'accoutume à ne plus confondre la démocratie avec la liberté.

LXXXVIII

Organisation de la police municipale de Paris.

Sous ce titre, et pour ainsi dire en appendice, je place des renseignements arides, sur l'organisation de la police municipale, telle que je l'ai trouvée après la démission de M. Albert Gigot au mois de mars 1879. Divers changements d'importance secondaire y ont été apportés depuis lors.

La police municipale se divise en deux branches :

1° Le service ostensible, fait par des agents en uniforme, nommés gardiens de la paix;

2° Le service inostensible, composé d'agents sans uniforme ou « inspecteurs de police. »

1° SERVICE OSTENSIBLE

Le personnel de ce service se décompose de la manière suivante :

38 officiers de paix [1];

---

[1]. Les officiers de paix sont nommés sur la proposition du

100 brigadiers;
700 sous-brigadiers;
6,800 gardiens de la paix.

Il se subdivise en service d'arrondissement et service des brigades centrales.

§ I

Service des arrondissements.

La Ville de Paris comprend 20 arrondissements.

Dans chaque arrondissement, il y a un officier de paix placé à la tête des forces de police.

Il a sous ses ordres :

3 brigadiers;
24 sous-brigadiers;

et un nombre de gardiens de la paix variant, selon l'étendue et l'importance de l'arrondissement, entre 225 et 300 hommes.

Un poste de police existe dans chaque quartier. Celui dans lequel l'officier de paix a son bureau se nomme le *poste central*.

Le poste central est relié par un fil télégraphique à la police municipale.

L'effectif est divisé en trois brigades commandées chacune par un brigadier et que, pour la commodité du service, on désigne par les lettres A. B. C.

Chaque brigade se subdivise en quatre sous-brigades, une par quartier, l'arrondissement se composant de quatre quartiers.

Chaque sous-brigade a, à son effectif : 2 sous-briga-

préfet de police, par arrêté du ministre de l'intérieur. Ils sont attachés à la police municipale par arrêtés du préfet.

Les agents sont nommés par arrêtés du préfet.

diers et autant de gardiens que le comporte l'importance du quartier et le nombre des îlots.

Le roulement des brigades dans chaque arrondissement est réglé de façon que les hommes accomplissent en moyenne 8 heures de service pour 24 heures, la moyenne étant prise sur 72 heures.

La marche des brigades est la même pour toute la ville, c'est-à-dire qu'à la même heure la même lettre est de service.

DURÉE DU SERVICE	1ᵉʳ JOUR	2ᵉ JOUR	3ᵉ JOUR
De 7 h. à 10 h. matin..	A	B	C
De 10 h. à 2 h. soir...	C	A	B
De 2 h. à 5 h. soir....	A	B	C
De 5 h. à 9 h. soir....	B	C	A
De 9 h. à minuit.....	A	B	C
De minuit à 7 h. matin.	C	A	B

SERVICE DU JOUR

(de 7 h. du matin à minuit.)

La base du service de quartier est « l'îlot. »

L'îlot est une fraction déterminée du quartier que le gardien qui y est attaché doit parcourir sans cesse, pendant toute la durée de son service.

L'étendue des îlots est fort inégale.

Leur nombre varie dans chaque quartier selon l'importance de la population.

En général, les îlots sont assez restreints pour que les gardiens chargés de les surveiller puissent, en peu de temps, en faire le tour et reparaître ainsi fréquemment sur les différents points de leurs circonscriptions.

En dehors des îlots, il est établi sur certains points des plantons fixes chargés d'assurer la liberté et la sûreté de la circulation.

Les mêmes sous-brigades sont affectées aux mêmes quartiers et les mêmes hommes sont toujours, autant que possible, attachés aux mêmes îlots.

Lorsqu'une brigade prend le service, les hommes de chaque sous-brigade se réunissent au poste de quartier un quart d'heure avant le moment du relevé.

Le plus ancien sous-brigadier fait l'appel des hommes, vérifie si leur tenue est convenable et s'ils sont en état de faire un bon service.

Il fait connaître les recommandations ou instructions nouvelles et lit les punitions encourues par les hommes de l'arrondissement.

Si un gardien manque à l'appel il est immédiatement remplacé sur son îlot par un homme de la réserve.

Les agents se rendent ensuite dans leurs îlots respectifs et relèvent, sur les points fixés, ceux qui les ont précédés dans le service.

Après l'appel, l'un des sous-brigadiers sort du poste et parcourt le quartier pour contrôler les gardiens de la paix sur leurs îlots et examiner la manière dont ils s'acquittent de leurs devoirs; il rentre à la moitié de la tournée et est remplacé sur la voie publique par son collègue; de telle sorte qu'il y a toujours au poste un sous-brigadier, de même qu'il y en a toujours un sur la voie publique.

Une réserve de quelques hommes reste au poste pour se porter sur le point où le concours de plusieurs agents serait jugé nécessaire.

Les *îlotiers* doivent tous parcourir leurs îlots dans le même sens, de façon à permettre et à faciliter le contrôle des sous-brigadiers qui, eux, marchent en sens contraire.

Les hommes de réserve ou de permanence sont désignés à l'appel de chaque service. Ils emploient le temps qu'ils passent au poste à parfaire leur instruction sous la direction du sous-brigadier, chef de poste.

Les gardiens de la paix sont considérés comme étant de service toutes les fois qu'ils sont en uniforme, c'est-à-dire que, s'ils en sont requis ou s'ils sont en présence d'un délit flagrant, ils doivent intervenir, même alors qu'ils ne sont plus sur leurs arrondissements ou que leur temps de service est accompli.

Pendant que la brigade est de service, le brigadier parcourt l'arrondissement pour s'assurer de la régularité du fonctionnement.

Il doit visiter tous les postes une fois au moins pendant la durée de chaque tournée.

Il examine le livre d'opération, le livre d'écrou des détenus et signe une « feuille de ronde » qui indique l'heure de son passage.

Il assiste à l'appel, à la prise du service, tantôt dans un poste, tantôt dans un autre. Il examine la tenue des hommes, transmet les ordres de l'officier de paix et fait toutes les observations relatives à la marche générale du service.

Tout individu arrêté sur la voie publique ou sur réquisition par les gardiens de la paix, doit être immédiatement conduit devant le commissaire de police du quartier, à moins que son état d'ivresse ou d'exaltation rende sa comparution impossible.

Dans ce cas et dans celui où les bureaux du commissaire sont fermés, l'individu arrêté est provisoirement déposé au poste.

Les contraventions aux ordonnances et arrêtés de police sont constatées par les gardiens de la paix qui en font rapports.

Ces rapports, transmis à l'officier de paix, sont adressés

par ceux-ci au chef de la police municipale et déférés ensuite au tribunal de police.

Lorsque le service est terminé, les hommes relevés rentrent au poste et rendent compte au sous-brigadier, chef de poste, des faits qui se sont passés pendant la durée de leur service. Leurs rapports sont consignés sur le livre d'opérations qui est porté au poste central, dès que tous les gardiens ont été relevés.

SERVICE DE NUIT

(De minuit à 7 heures du matin.)

Pendant le service de nuit, les gardiens marchent deux à deux.

En conséquence, les îlotiers sont doublés ou triplés, selon le nombre d'hommes présents à l'effectif.

De minuit à deux heures du matin, tous les gardiens sont sur la voie publique.

A deux heures, il en rentre la moitié au poste, où ils restent en réserve jusqu'à quatre heures et demie.

A cette heure, cette réserve remplace, jusqu'à la fin du service, la première moitié qui, à son tour, reste au poste en permanence.

DES OFFICIERS DE PAIX

L'officier de paix est responsable du service de l'arrondissement auquel il est attaché et dans lequel lui est imposée l'obligation de demeurer.

Il doit visiter les postes de son arrondissement une fois au moins pendant les vingt-quatre heures.

Il transmet au chef de la police municipale soit par rapports, soit par télégrammes, l'avis des opérations qui auront été faites par ses agents, des incidents qui se seront produits, etc.

Tous les jours, à une heure déterminée, il se rend auprès du chef de la police municipale pour prendre les ordres et instructions relatifs au service.

Il doit être habituellement revêtu de son uniforme.

Les questions d'habillement, de solde, d'avancement, de discipline sont soumises par l'officier de paix au chef de la police municipale.

§ II

Service des brigades centrales.

Les brigades centrales sont au nombre de six, commandées chacune par un officier de paix.

Leur effectif moyen est de 100 hommes.

Les 4 premières forment à la préfecture de police une réserve toujours prête à se porter où il est nécessaire pour le maintien de l'ordre.

Elles ont une marche particulière qui n'a aucun rapport avec celle des brigades d'arrondissement.

Elles sont chargées du service des théâtres, bals publics, concerts, bois de Boulogne, y forment l'appoint le plus utile dans les grands services organisés à propos des fêtes publiques et de toutes cérémonies rassemblant sur certains points une affluence de population.

La 5e brigade centrale, dite « des Voitures », est spécialement chargée de veiller à l'exécution des règlements relatifs à la circulation des voitures dans Paris.

Elle surveille les points où la circulation est la plus active, organise les défilés de voitures et concourt, à son point de vue spécial, au service fait par les autres brigades centrales aux abords des théâtres.

La 6e brigade centrale, ou « brigade des Halles », a pour

mission d'assurer la circulation sur le périmètre des Halles ; elle veille à l'exécution des règlements relatifs au placement des voitures, au dépôt et à l'enlèvement des marchandises.

Le service qu'elle fait est plutôt de nuit que de jour, aussi l'effectif de la brigade, complet de minuit à dix heures du matin, est-il de beaucoup diminué pendant la journée.

§ III

Des Inspecteurs divisionnaires.

Cinq fonctionnaires de la police municipale, placés hiérarchiquement avant les officiers de paix, sont chargés de visiter les postes de la circonscription qui leur est attribuée et de constater les infractions qui pourraient se produire dans le service général.

A leur passage dans les postes, ils signent les « feuilles de ronde » et leurs observations, s'il y a lieu, sont consignées dans les rapports qu'ils transmettent au chef de la police municipale.

Les inspecteurs divisionnaires ont leur bureau à la préfecture.

Dans les grands services, les inspecteurs divisionnaires sont parfois chargés de se tenir sur des points fixés afin d'assurer, avec les officiers de paix, la régularité du service.

Le roulement des inspecteurs divisionnaires est réglé par la police municipale de telle façon qu'il y a toujours un de ces fonctionnaires en permanence à la préfecture pour se transporter au besoin où sa présence serait utile.

2° SERVICE INOSTENSIBLE

L'effectif du service inostensible, c'est-à-dire de celui composé d'agents en bourgeois est de :

1 commissaire de police ;
7 officiers de paix ;
15 inspecteurs principaux ;
20 brigadiers ;
34 sous-brigadiers ;
800 inspecteurs.

1° — Service des garnis. — 1re *brigade de recherches.*

(M. Brissaud, officier de paix).

La 1re brigade a la police des hôtels et maisons meublées en ce qui concerne la tenue de ces établissements : elle relève les mutations des voyageurs.

125 inspecteurs sont chargés de visiter tous les deux jours au moins les hôtels meublés de Paris, qui sont au nombre de 12,000 en moyenne.

Cette brigade a la surveillance des réfugiés et des étrangers en général.

Elle a, dans ses attributions, la recherche des maisons de jeux de hasard, la surveillance des courses de chevaux en ce qui concerne les entreprises de Paris, les recherches dans l'intérêt des familles et les investigations réclamées par la justice.

En outre, au point de vue politique, elle est chargée des enquêtes sur les sociétés, sur les personnes, etc., etc., et de la surveillance dans les réunions. (Cabinet.)

2° — 2e *brigade* (M. Girard, officier de paix).

3° — 3e *brigade* (M. Cuche, officier de paix).

Ces deux brigades sont chargées de rechercher dans l'intérêt des familles et d'investigations réclamées par la justice.

Comme la 1re, la 2e brigade a également des attributions politiques.

4° — *4e brigade* (M. Lombard).

Service politique (cabinet du préfet), brigade dissoute dès mon arrivée.

5° — *5e brigade* (M. Gilquin, officier de paix).

Chargée de recherches dans l'intérêt des familles, cette brigade a en outre dans ses attributions la surveillance des combustibles au point de vue de la fidélité des livraisons.

6° — *6e brigade* (M. Blavier, officier de paix).

Service de la présidence, considérablement réduit depuis la présidence de M. Jules Grévy.

7° — *7e brigade de sûreté* (M. Macé, commissaire de police).

Le service de sûreté s'occupe exclusivement de la recherche des malfaiteurs, de l'exécution des mandats de justice et des arrêts et jugements des cours et tribunaux.

Cette brigade surveille les condamnés libérés autorisés à résider à Paris et recherche ceux qui s'y trouvent en rupture de ban.

8° — SERVICE DES MŒURS (M. Lerouge, officier de paix).

Cette brigade était chargée de la surveillance des maisons de tolérance, de la répression de la prostitution clandestine et, en général, de l'exécution des règlements concernant les filles publiques.

Elle a été versée dans le service de la sûreté durant la dernière année de mon administration.

LXXXIX

Abrogation de l'article 10 du code d'instruction criminelle.

Le projet de loi, voté par le Sénat, sur l'instruction criminelle, n'ayant pas encore été définitivement voté par la Chambre des députés, il peut être opportun de publier le rapport que j'adressai à M. le Garde des Sceaux, le 28 août 1879.

Monsieur le Garde des Sceaux,

J'ai l'honneur de vous adresser les observations suivantes sur la suppression possible de l'article 10 du code d'instruction criminelle, au sujet duquel vous m'avez fait l'honneur de me consulter :

Tout d'abord, monsieur le ministre, il m'a semblé important de rechercher quelle avait été l'intention du législateur en édictant une mesure qui semble exorbitante du droit commun et contraire au principe de démarcation des pouvoirs administratif et judiciaire. La pensée qui a présidé à la rédaction de cet article ressort nettement de l'exposé des motifs présenté par Treilhard, à la séance du 7 novembre 1808, où il est dit :

« Le premier vœu de la loi est que toute infraction des règles soit connue, soit poursuivie, soit jugée ; c'est par ce motif que l'exercice de la police judiciaire est confié à un grand nombre de personnes et c'est aussi dans la même intention qu'on a voulu que des magistrats supérieurs de l'ordre administratif, qu'on ne doit nullement confondre avec les officiers de police judiciaire, puissent quelquefois requérir l'action des officiers de police, et même faire personnellement quelques actes tendant à constater les crimes. J'ai déjà observé que la police administrative prévenait beaucoup de maux en pénétrant les intentions secrètes des méchants ; il n'est pas difficile de se convaincre qu'il peut être infiniment urgent de saisir le coupable et les instruments du crime et qu'un instant perdu serait souvent irréparable ; il a donc paru très utile de donner ce droit aux préfets qui, par des voies administratives, obtiennent quelquefois des lumières dont le fruit pourrait s'évanouir par le retard d'un recours à l'officier de police judiciaire. »

Dans le principe, le projet du code d'instruction criminelle qui attribuait aux préfets la qualité d'officiers de police judiciaire ne leur donnait compétence que pour les crimes intéressant la sûreté de l'État.

Mais, sur les observations de l'empereur et celles de Treilhard, on a étendu leurs attributions à tous les crimes ou délits de droit commun et tout en les privant de la qualité d'officiers de police judiciaire, dans le but de les soumettre à une subordination quelconque vis-à-vis des procureurs généraux, on les a investis de droits peut-être plus étendus encore par la rédaction de l'article 10 qui ne limite même pas leur action aux cas de flagrant délit.

Les partisans de l'abrogation de l'article 10 peuvent objecter, avec quelque raison, j'en conviens, qu'à l'époque où fut promulgué le code d'instruction criminelle les difficultés de communication et la pénurie des moyens d'action devaient commander au pouvoir central d'investir ses représentants les plus directs de la plus large autorité possible. Le régime impérial, qui avait à se défendre contre les menées royalistes, voulait évidemment multiplier les moyens d'action au profit de ses préfets; on doit admettre que le projet originaire du code décelait la pensée vraie du gouvernement, en visant surtout les crimes intéressant la sûreté de l'État. Si l'on a généralisé, si l'on a étendu les attributions des préfets à tous les crimes, délits ou contraventions de droit commun, peut-être ne l'a-t-on fait que pour dissimuler les intentions réelles du gouvernement impérial.

Maintenant, il est vrai, tout le pays est doté de belles routes, de chemins de fer, de télégraphes, la science elle-même a mis ses progrès au service de la justice, la découverte et la répression des crimes sont devenues plus faciles et plus rapides et enfin le pays, se gouvernant lui-même, n'a plus besoin des dispositions législatives surannées qui pouvaient être utiles au despotisme. Ces considérations ont leur valeur; elles séduisent surtout ceux qui ne voient que le côté théorique ou spéculatif de la question; mais elles perdent singulièrement de leur poids quand on se place au point de vue pratique des affaires.

Le gouvernement actuel a-t-il intérêt à abroger un article de loi que tous les gouvernements divers qui se sont succédé depuis 70 ans ont laissé subsister? Est-il assez solidement assis pour pouvoir affirmer qu'à un moment donné il n'aura pas besoin d'une arme que la loi met dans sa main et dont il se dessaisirait gratuitement? Les partis ont-ils donc désarmé? Le gouvernement n'est-il plus discuté? Bonapartistes, légitimistes et orléanistes sont-ils donc ralliés à la République? et peut-on assurer que jamais un crime intéressant la sûreté de l'État ne sera commis par eux? Non, bien certainement. Par quel excès de sentimentalité le gouvernement actuel viendrait-il abroger ce qu'il a trouvé tout établi et ce qu'on ne peut, par conséquent, l'accuser d'avoir établi lui-même? Pourquoi donc ce qui a pu être utile aux autres gouvernements ne serait-il pas utilisé par le gouvernement actuel?

Voilà pour le point de vue politique. Mais, si j'arrive à la question d'affaires proprement dite, que dois-je constater? C'est que les dispositions de cet article, *qui sont bien rarement appliquées par les préfets des départements*, sont indispensables pour le préfet de police. Je dirai plus, c'est que si elles n'existaient pas, ou si elles étaient abrogées pour les départements, il faudrait les édicter ou les maintenir pour le préfet de police. En effet, il est constant qu'en pratique, dans les affaires exclusivement judiciaires, les préfets n'interviennent jamais. Il n'y a qu'en matière de crimes concernant la sûreté de l'État que les pouvoirs qui leur sont conférés peuvent être utilisés, et j'estime qu'il importe de ne pas se priver d'un moyen d'action aussi légal et consacré depuis tant d'années au profit de tous les gouvernements.

Quand un crime se commet dans un arrondissement, le préfet en est avisé comme d'un fait grave se produisant dans son département; mais jamais il n'agit.

Le parquet est toujours mis en mouvement le premier ; c'est à lui qu'on s'adresse, c'est pour ainsi dire lui seul qu'on connaît en pareil cas et, le préfet n'est avisé que pour la forme. En abrogeant l'article 10, apporterait-on une innovation quelconque et changerait-on quoi que ce soit à ce qui est pratiqué dans les départements? en aucune façon. Les affaires judiciaires seraient traitées comme elles sont actuellement, c'est-à-dire par le parquet et le juge d'instruction et le gouvernement, arriverait uniquement à se priver d'une arme légale qui, le cas échéant, c'est-à-dire en cas de conspiration, d'attentats contre la sûreté de l'État, etc., lui ferait défaut.

Si donc cette abrogation n'a aucune utilité et ne produit aucune modification dans le domaine judiciaire, si elle n'a pour résultat que d'affaiblir les moyens dont dispose le gouvernement pour se défendre, pourquoi la proposer?

J'arrive, monsieur le Ministre, à ce qui concerne plus spécialement mon administration et je répète ce que j'avais l'honneur d'indiquer plus haut : à savoir que si l'article 10 était abrogé pour les préfets des départements, il devait être maintenu pour le préfet de police. A l'inverse, en effet, de ce qui se produit en province, ce n'est plus l'autorité judiciaire, à Paris, qui est avisée des crimes et des délits avant toute autre ; c'est moi, ou les agents placés sous mes ordres. Les mesures urgentes à prendre sont prises par mes auxiliaires, et bien souvent, en vertu de mandats émanant de moi-même. Dans bien des cas qui requièrent célérité, si, avant d'agir, je devais, à n'importe quelle heure du jour ou de la nuit, aviser la justice et attendre, soit un ordre du parquet, soit une ordonnance du juge d'instruction, mes agents arriveraient trop tard et le plus souvent les coupables ou le corps du délit échapperaient aux investigations tardives, qui seraient le résultat d'une procédure en forme. Ainsi, notamment en matière de maison de jeux, il serait le plus souvent impossible d'arriver à une constatation du délit, si je n'agissais en vertu de l'article 10 du Code d'instruction criminelle. Dans les affaires de cette nature, un constat possible tel jour, sera impossible le lendemain, et s'il fallait, au moment d'agir, saisir le parquet et attendre l'ordonnance du juge d'instruction, quelquefois à une heure fort avancée de la nuit, non seulement je viendrais échouer contre des difficultés matérielles que l'organisation du service judiciaire ne permet pas d'éviter, mais, le plus souvent, la justice régulièrement saisie arriverait trop tard. La même observation s'applique à la saisie des lettres, correspondances ou imprimés que je dois parfois faire pratiquer à la poste. Il en est de même en matière d'extradition; quand un malfaiteur, poursuivi à l'étranger, est signalé comme s'étant réfugié à Paris, emportant des papiers ou valeurs qu'il importe de saisir. Tout récemment, au mois de mars 1879, il s'est produit un fait qui vient singulièrement confirmer ce que j'avance; un juif allemand fut arrêté à Aix-la-Chapelle, avec sa maîtresse, en flagrant délit d'émission de faux billets de banque russes.

L'instruction préliminaire commencée contre lui établissait que des billets semblables, fabriqués par lui, devaient se trouver rue Violet, n° 45, au domicile de la mère de sa maîtresse. Il y avait urgence à ce qu'une perquisition fût opérée à ce domicile avant que la mère fût avisée. A la demande de l'ambassade russe, un mandat fût décerné et l'exécution amena la saisie d'un certain nombre de billets faux ainsi que des papiers fort importants. En eût-il été de même s'il eût fallu attendre qu'une instruction régulière fût ouverte? C'est au moins fort douteux.

Souvent encore, il arrive qu'avant toute rédaction de procès-verbaux ou autres documents nécessaires pour mettre l'action publique en mouvement, des inculpés prennent la fuite.

Agissant en vertu de l'article 10, je fais télégraphier à la frontière, et j'arrive à m'assurer de la personne des malfaiteurs, avant que la procédure préparatrice ait eu même le temps matériel de parvenir au parquet.

Vous n'ignorez pas, monsieur le Garde des Sceaux, avec quelle extrême facilité on accuse la justice de laisser échapper les criminels. Combien ces accusations ne se multiplieraient-elles pas si, dans bien des circonstances, la possibilité d'agir avec la célérité que je vous indique m'était enlevée par l'abrogation de l'article 10.

Il est une autre matière, et c'est peut-être la plus délicate de mes attributions, dans laquelle cet article me permet d'agir sans être exposé au reproche de violer la légalité. Je veux parler de la police des mœurs. C'est aux termes de l'article 10 qu'il m'est permis de décerner des mandats d'amener, en vertu desquels mes agents, accompagnés d'un commissaire de police, pénètrent dans les garnis ou autres lieux mal famés, pour y opérer l'arrestation des femmes qui s'y livrent à la prostitution clandestine.

Vous n'ignorez pas, monsieur le Ministre, qu'en dehors des lois de police générale du 24 août 1790 et du 22 juillet 1791, il n'existe, sur cette matière, aucune législation spéciale. Il semble qu'on ait eu crainte de légiférer sur ce sujet. Un arrêté de la Commune de Paris, du 21 nivôse an II, prohiba la prostitution et prononça le bannissement contre les femmes qui s'y livraient. Mais on n'obtint aucun résultat. Deux ans plus tard, le 17 nivôse an IV, une législation générale réglementaire ayant paru nécessaire, le Directoire exécutif adressa un message au conseil des Cinq cents pour qu'une loi fut rendue; mais, tout en indiquant les bases d'une législation nouvelle, ce message demeura sans suites. Depuis, et lorsque la Préfecture de police fut organisée, on s'occupa, dans les bureaux de cette administration, de la rédaction d'un projet de loi sur la prostitution; mais ce projet, comme ceux qui l'avaient précédé, n'a jamais été admis à l'honneur de la discussion. Il en résulte que, comme tous mes prédécesseurs, je suis obligé de surveiller et de réprimer ce mal, reconnu inévitable, par des moyens purement administratifs et qui sont au moins contestables au point de vue légal.

Si mon action, déjà bien restreinte, venait à être entravée ou diminuée par l'abrogation de l'article 10 du Code d'instruction criminelle, il n'est pas douteux que la prostitution, qui ne s'étend que trop tous les jours, ne prît bientôt des développements déplorables pour la morale et la santé publiques.

Je n'ai parlé ici que des matières spéciales dans lesquelles l'application de cet article m'est indispensable ; son utilité démontrée pour les préfets des départements, en ce qui touche les affaires intéressant la sûreté de l'État, ne saurait être discutée en ce qui me concerne ; car, plus qu'aucun autre de mes collègues, je suis à même, à raison des renseignements tout spéciaux qui me sont fournis, de pouvoir utilement et promptement agir dans des affaires de cette nature.

En résumé, monsieur le Ministre, j'estime que l'abrogation de l'article 10 du Code d'instruction criminelle ne changerait rien pour les départements à ce qui existe au point de vue judiciaire, et enlèverait aux préfets un moyen d'action dont le gouvernement pourrait avoir besoin à un moment donné. En ce qui concerne Paris, il en serait tout autrement ; il y aurait une perturbation véritable jetée dans la marche des instructions criminelles, et je ne crains pas de dire que si le législateur dépouillait les préfets des départements des attributions que leur confère cet article, il devrait en maintenir les dispositions pour le préfet de police.

Veuillez agréer, monsieur le Garde des Sceaux, l'hommage de mon respect.

Le Député, Préfet de police,
ANDRIEUX.

Paris, 28 août 1879.

FIN

TABLE DES MATIÈRES

	Pages.
LVI. — Un peu de lumière sur les fonds secrets.	5
LVII. — La contagion. — Un préfet qui veut avoir des fonds secrets	11
LVIII. — Suppression de la police des mœurs. — Fausses sorties. — Les filles inscrites. — Les *maisons de rendez-vous*.	16
LIX. — L'affaire de la rue Duphot.	34
LX. — Une parenthèse.	52
LXI. — M. ***, juge d'instruction, et la rue Duphot	59
LXII. — Épilogue de l'affaire de la rue Duphot.	65
LXIII. — Les explications de M. André de Trémontels	71
LXIV. — Le suicide du général Ney.	79
LXV. — L'enquête sur les actes du général de Cissey. — La baronne de Kaulla.	84
LXVI. — Le laboratoire municipal. — Les chiens de la fourrière.	87
LXVII. — Des fonds secrets, des services qu'ils rendent aux candidats officiels et de quelques abus	93
LXVIII. — Le scrutin du 9 janvier et le nouveau conseil municipal.	97
LXIX. — L'affaire Eyben.	101
LXX. — Loyales explications entre M. Joseph Fabre et l'auteur des *Souvenirs*.	104

TABLE DES MATIÈRES

		Pages.
LXXI.	— L'affaire Eyben (*suite*).	109
LXXII.	— La *Sainte-Ligue*.	118
LXXIII.	— Le grand-duc Constantin et les nihilistes.	125
LXXIV.	— La République parlementaire	130
LXXV.	— Dignitaires inutiles. — Pétition pour demander la suppression des chevaliers Kadoches	156
LXXVI.	— Son Altesse M. Courjon, maharajah de Chandernagor.	163
LXXVII.	— Police extérieure. — Question tunisienne.	173
LXXVIII.	— Autour du Bey. — Kheredine. — Le baron Robert de Billing. — Mustapha-ben-Ismaël. — Elias Mussali.	188
LXXIX.	— Les cercles de Paris. — Le jeu.	194
LXXX.	— Police municipale	206
LXXXI.	— Le conflit du préfet de police avec le conseil municipal.	214
LXXXII.	— L'interpellation des députés de Paris.	227
LXXXIII.	— La réunion de l'Arbresle	234
LXXXIV.	— L'opinion de l'étranger sur la préfecture de police	246
LXXXV.	— Le prisonnier de Calino.	
LXXXVI.	— Le projet de loi sur la préfecture de police.	254
LXXXVII.	— Ma démission. — Mon successeur.	277
LXXXVIII.	— Organisation de la police de Paris.	284
LXXXIX.	— Abrogation de l'article 10 du code d'instruction criminelle.	294

FIN DE LA TABLE DU TOME II

PARIS. — IMP. P. MOUILLOT, 13-15, QUAI VOLTAIRE. — 56284.